TRABALHO DE **BUDA**

DAN ZIGMOND

TRADUÇÃO
Lígia Azevedo

TRABALHO DE BUDA

A arte zen de encontrar equilíbrio no ambiente de trabalho

LATITUDE°

TÍTULO ORIGINAL *Buddha's office*

DIREÇÃO EDITORIAL Marco Garcia
EDIÇÃO Marcia Alves
PREPARAÇÃO Luciana Soares
REVISÃO Luciane Gomide
DESIGN DE CAPA Pamella Destefi
DESIGN DE MIOLO Amanda Richmond
DIAGRAMAÇÃO Pamella Destefi
IMAGEM Fundo da capa © by visnezh - www.freepik.com

Dados Internacionais de Catalogação na Publicação (CIP)
(Câmara Brasileira do Livro, SP, Brasil)

Zigmond, Dan
Trabalho de Buda: a arte zen de encontrar equilíbrio no ambiente de trabalho / Dan Zigmond; tradução Lígia Azevedo. – São Paulo: Latitude, 2020.

Título original: Buddha's office: the ancient art of waking up while working well
ISBN 978-85-507-0330-5

1. Satisfação no trabalho 2. Satisfação no trabalho – Aspectos religiosos – Budismo I. Título.

20-33275 CDD-650.1

Índices para catálogo sistemático:
1. Satisfação no trabalho: Administração 650.1
Cibele Maria Dias – Bibliotecária – CRB-8/9427

VR EDITORA S.A.
Rua Cel. Lisboa, 989 | Vila Mariana
CEP 04020-041 | São Paulo | SP
Tel.| Fax: (+55 11) 4612-2866
vreditoras.com.br | editoras@vreditoras.com.br

Sumário

PARTE 3: OBSTÁCULOS

INTRODUÇÃO

INTRODUÇÃO

O despertar no trabalho

BUDA NUNCA TRABALHOU. ELE NASCEU HÁ CERCA DE 2.500 ANOS, FOI criado como um príncipe mimado na antiga Índia, deixou toda sua riqueza para trás para se tornar um monge errante e terminou a vida como um venerado professor espiritual – tudo isso sem nunca receber um salário.* Não se sabe se Buda teve que lidar com dinheiro, e ele proibia seus seguidores mais próximos de fazê-lo.

Então por que alguém iria querer saber o que um sanguessuga desses tinha a dizer sobre trabalho?

Para explicar, vamos precisar voltar um pouco no tempo. Algumas pessoas ainda seguem o exemplo de Buda literalmente e renunciam às suas posses mundanas para viver como monges em tempo integral. Provavelmente mais do que seria de imaginar – as estimativas variam de centenas de milhares a um milhão ou mais no mundo todo. Mas, se você está lendo este livro, não é uma dessas pessoas. Não escolheu passar sua vida em um templo ou monastério, muito menos errando pelo campo de alguma terra longínqua,

* E não é que ele estivesse ocupado cuidando da casa. Buda deixou o lar um dia depois do nascimento de seu filho. Podemos concluir que ele não trocou nem uma fralda antes de ir.

sem endereço fixo. Nem eu. Para melhor ou pior, a maior parte de nós não vive como Buda e seus principais discípulos viviam. De um modo ou de outro, a maioria de nós passa a maior parte da vida adulta trabalhando.

Alguns simplesmente odeiam isso. É bastante raro encontrar alguém que de fato ama o que faz. Gente demais passa longas horas por dia em um trabalho que não suporta. Os mais sortudos aguardam com ansiedade o fim de semana, quando terão dois dias da sua vida *real* de volta. Mas muitas pessoas em carreiras que envolvem alto nível de estresse não têm nem ao menos isso e precisam trabalhar aos sábados e domingos quase sem diminuir o ritmo, tendo em mente a esperada aposentadoria precoce ou outra recompensa futura. Grande parte dos americanos nem tira as férias a que têm direito.[1]

Os poucos sortudos que amam o que fazem muitas vezes têm suas próprias frustrações, que podem ser estresse contínuo, falta de recursos ou colegas e clientes que se comportam de maneira condenável. Ou talvez esteja tudo bem no trabalho, mas você gostaria que ele viesse em menor volume. Parece que todo mundo com uma carreira exigente lamenta o desequilíbrio entre trabalho e vida pessoal. É possível que alguém *goste* de responder *e-mails* e mensagens de texto em qualquer horário? Todos nós que corremos e nos esforçamos tanto talvez venhamos a nos surpreender: um estudo de 2016 descobriu que estresse relacionado ao trabalho é a quinta principal causa de morte nos Estados Unidos.[2] Alguns de nós talvez não se aposentem. (Mais sobre isso no capítulo 2.)

Não precisa ser assim. E Buda sabia disso, mesmo 2.500 anos atrás, sem nunca ter colocado o pé em um escritório.

Quando Buda teve seu grande despertar – quando se tornou Buda, que significa “o Desperto” –, ele listou “meio de vida correto” entre as oito chaves para uma vida iluminada. De alguma forma, ele sabia que o trabalho era importante e que trabalhar de forma *correta* era essencial. Conforme viajava pela antiga Índia, pregando seu recém-descoberto caminho para a libertação espiritual, Buda falava não só com outros monges errantes como ele (e depois monjas), mas também com aqueles que chamava de "chefes de família", os quais encorajava a seguir seus ensinamentos apesar de prosseguirem com a labuta diária. Mais de 2 mil anos atrás, Buda compreendia que a maioria de nós passaria a maior parte da vida trabalhando e que precisaria encontrar a iluminação nesse contexto.

Buda foi criado entre os mais privilegiados de seu tempo e foi recebido como hóspede de honra por reis e rainhas, mas também vivia cercado por camponeses, artesãos e pequenos mercadores que lutavam para sobreviver. As escrituras budistas, em geral chamadas de sutras, fazem referência a dúzias de profissões que já eram praticadas naquela época, e o público de Buda incluía todo mundo, da realeza a escravos.[3] Para a maior parte das pessoas que ouviam as palavras de Buda, o trabalho era necessário e uma parte central de sua vida diária. Ele não podia ignorá-lo, tanto quanto não podemos ignorá-lo agora. A iluminação não era algo apenas para monges em período integral, de modo que Buda sabia que ajudar pessoas comuns a trabalhar da maneira correta era essencial para que encontrassem seu próprio caminho para o despertar.

É disso que este livro trata, de como fazer com que nosso trabalho não seja apenas outra distração, mas parte integral do despertar.

Este livro vai te ajudar a compreender por que Buda – um sujeito que nunca teve um emprego – escolheu dar tanta importância ao *modo de vida correto*. Também vamos descobrir um modo de trabalhar que é "correto" em todos os sentidos: para você, para sua saúde, sua sanidade e o mundo.

Os ensinamentos de Buda não são complicados. Ele os expôs em seu primeiro sermão, que tinha cerca de setecentas palavras – mais ou menos a mesma quantidade que você leu neste livro até agora! A maior parte deles pode ser reduzida a princípios básicos, como honestidade e equilíbrio, que nos ajudam a prestar mais atenção no mundo. Mas aplicar esses ensinamentos simples às complexidades da vida diária pode ser bem mais difícil. Buda elaborou melhor esses conceitos ao longo dos anos, e seus ensinamentos chegam a preencher, hoje, de 20 mil a 80 mil páginas. Depende de quem está contando.

Apesar da completa falta de experiência profissional, Buda teve muito a dizer sobre o trabalho em seus sermões posteriores. Alguns de seus conselhos eram ao mesmo tempo específicos e pouco surpreendentes. (Ele sugeriu evitar carreiras relacionadas a armas, tráfico humano e drogas, por exemplo.) Mas, quando se começa a puxar um fio que seja, às vezes todo o suéter acaba se desfazendo. Quando Buda diz que se deve evitar trabalhar com "intoxicantes" e "veneno", do que ele está realmente falando? Passei anos trabalhando no Instagram e no Facebook. Essas plataformas da internet são intoxicantes? São veneno? Imagino que algumas pessoas diriam que sim, embora eu mesmo discorde. Podemos considerar a televisão intoxicante? E quanto aos videogames? Pessoas que trabalham em minas de carvão trabalham com veneno? E fabricantes de carros? Diz-se que o açúcar é um veneno – então sorveterias deveriam ser proibidas? É uma ideia deprimente.

Essas sugestões específicas são só o começo. Os mesmos princípios que Buda ofereceu para nos guiar no restante de nossa vida devem nos guiar no trabalho. Além do meio de vida correto, os outros sete elementos do Caminho Óctuplo são: compreensão, pensamento, fala, ação, esforço, atenção e concentração corretos. Tudo isso pode nos ajudar no trabalho – sobretudo a atenção e a concentração, os quais vamos passar mais tempo discutindo. A maior parte de nós sabe por experiência própria que há infinitos modos de se afastar desse caminho no ambiente de trabalho – agir da maneira errada, falar da maneira errada, e por aí vai: tratar mal nossos colegas; passar de uma tarefa a outra sem prestar muita atenção; e até mesmo mentir, trapacear ou roubar. Vamos falar sobre tudo isso também e sobre como evitar esses erros.

Buda ensinou que a vida envolve muito sofrimento. Muitos no mercado de trabalho vão achar fácil acreditar nisso. Mas ele também ensinou que não precisa ser assim, que o sofrimento tem causa e cura. E que a cura não é necessariamente *fácil*, mas é sempre *possível*. E é muito possível, esteja você sentado a uma mesa, trabalhando em um escritório ou uma fábrica, ou no topo de uma montanha distante.

Não é preciso pedir demissão para atingir a iluminação. Talvez isso nem vá ajudar. A vida de Buda foi o contrário do sonho americano: começou repleta de luxos e terminou com ele literalmente sem um centavo.* Buda se deu conta de que a busca por felicidade de sua juventude era uma distração. Por melhor que a aposentadoria possa parecer agora, não é mais fácil despertar em uma praia ou em um campo de golfe ou em um *spa*. Buda inclusive diria que pode ser mais difícil.

Não é preciso se tornar budista. O próprio Buda nunca usou esse termo e talvez não gostasse muito da maneira como ele é aplicado hoje. Buda não acreditava no "budismo" em si – acreditava em prestar aten-

* A mulher e o filho que Buda abandonou acabaram virando monges e se juntaram à comunidade crescente em torno dele, de modo que seu único descendente também acabou quebrado.

ção, em cuidar de si mesmo e despertar. Isso é algo que qualquer pessoa de qualquer fé pode fazer.

No fim, a felicidade e a realização no trabalho dependem das mesmas coisas que promovem a felicidade e a realização em qualquer outra área. Como para tudo o que vale a pena, não há atalhos. Não há um comprimido que você possa tomar, um caderninho mágico que possa comprar ou exercícios elaborados que possa aprender. Mas este livro vai mostrar a você como as instruções simples de Buda se aplicam à nossa vida cotidiana no escritório ou em qualquer outro tipo de trabalho. Em breve, você vai se descobrir despertando e trabalhando corretamente.

PARTE I

INSIGHTS

CAPÍTULO 1

Por que trabalhar?

POUCO DEPOIS DA ILUMINAÇÃO DE BUDA, HAVIA DOIS COMERCIANTES chamados Tapussa e Bhallika de passagem em um vilarejo vizinho. Não está evidente como as notícias já haviam se espalhado, mas um parente disse a eles que um homem santo local tinha há pouco se tornado o que chamavam de "totalmente desperto".[1] Mesmo na antiga Índia, em que místicos errantes eram muito mais comuns do que são hoje, aquilo era algo importante. Os dois homens reuniram um pouco de comida para levar como oferenda e foram encontrar o Desperto. Os relatos contam que os comerciantes pegaram Buda um pouco despreparado. Ele ainda não havia começado a ensinar – nem havia decidido se tornar um professor – e não tinha uma tigela à mão para poder aceitar a cevada e os doces que haviam levado de presente. Mas Buda encontrou algo que pudesse usar, e os dois comerciantes ficaram tão impressionados com sua mera presença que imediatamente se converteram e se tornaram seus primeiros discípulos. Depois prosseguiram com seu caminho.

Assim, os primeiros budistas eram pessoas comuns viajando a trabalho.[2] (Tenha isso em mente da próxima vez que estiver à toa no aeroporto ou preso em um Holiday Inn.) Muitos anos depois, quando compunha uma lista de seus principais discípulos, Buda ainda se lembrava de seus nomes e os mencionou entre os leigos a que havia ensinado.[3] Pense a respeito: antes dos monges e monjas de cabeça raspada com vestes amarelo-alaranjadas houve dois comerciantes, dois homens comuns, que estavam cuidando da própria vida tentando manter uma ocupação respeitável, mas ainda se viam ansiosos por um vislumbre de algo mais.

Dois mil e quinhentos anos depois, o mundo continua cheio de Tapussas e Bhallikas – pessoas em busca de espiritualidade que têm um trabalho integral. Aposto que você é uma delas.

Talvez alguns de nós se perguntem por que precisam trabalhar. Sem isso, não seria mais fácil nos encontrar, encontrar o caminho para a própria iluminação? Com toda a certeza uma herança ajudaria nisso.

Para deixar claro: esse não é um problema novo. Trabalhamos há muito tempo. E não estou falando de mim e de você, mas de todos nós, de toda a humanidade. Desde que as pessoas vivem em grupos, em algo que lembre uma sociedade, temos que trabalhar.

Buda compreendia e aceitava isso. Na verdade, ele era muito mais propenso a fazer a pergunta oposta: por que *parar* de trabalhar? Em uma famosa lição, um rei local fez a Buda exatamente essa pergunta. Os criados e funcionários do rei – todos, dos motoristas de elefante a tecelões, os soldados e auxiliares de banho – produziam algo útil. Por meio do trabalho, o rei explicou, "eles conquistam felicidade e alegria para si, levam felicidade e alegria para mães e pais, esposas e filhos, amigos e conhecidos".[4] Comparado a tudo isso, de que serviam as horas e horas que Buda passava sentado?

Buda explicou ao rei os frutos da meditação e da vida espiritual, sobre os quais falaremos a respeito mais adiante neste livro. Mas, no momento, o ponto é que Buda não precisava explicar os frutos de trabalhar, que pareciam óbvios a todos. Ele tinha que defender o *não* trabalhar.

Como tanto o rei quanto Buda compreendiam, há muitas boas razões para trabalhar. Para alguns de nós, o trabalho parece um chamado. Talvez você já quisesse ser médico, advogado, bombeiro, enfermeiro ou professor desde que consegue se lembrar. Talvez tenha descoberto sua paixão mais tarde. Talvez tenha achado uma maneira de transformar seu amor pela arte, pelo esporte ou pela música em um trabalho assalariado, de modo que, em grande parte, faça isso simplesmente porque gosta.

Para outros, o trabalho é uma missão. Você vê um problema no mundo e se sente obrigado a solucioná-lo. As atividades do dia a dia podem não ser particularmente empolgantes, mas você acredita em seu trabalho e sente que está fazendo a diferença. E isso é o bastante.

Outras pessoas trabalham apenas para sobreviver. Quer precise sustentar sua família ou apenas a si mesmo, não há nada de errado com isso. Além dos poucos sortudos que nasceram ricos (como Buda) ou daqueles que escolheram viver pela generosidade dos outros (também como Buda!), todos precisamos pagar as contas. E isso é ótimo! A sensação de ser financeiramente responsável e independente é boa.

Para a maioria de nós, o trabalho provavelmente é um misto de todas essas coisas. Com frequência, isso muda com o tempo. Quando saí da faculdade, pensei em me tornar um monge budista tradicional e viver em um templo remoto na Ásia. De fato, vivi em um templo na Tailândia por alguns meses e depois fui para um em São Francisco. Mas então me apaixonei, me casei e acabei precisando de um emprego. Quando comecei a trabalhar, foi para me sustentar e à minha nova família. Eu contava os dias até poder pedir demissão e passar a fazer algo que me satisfizesse mais – literalmente contava, por meio de planilhas, calendários e fórmulas complicadas. Então, com o tempo, percebi que gostava do meu trabalho. Um dia, depois de dez anos trabalhando com tecnologia, decidi que não queria fazer outra coisa. Parei de contar os dias e me concentrei em como fazer meu trabalho melhor. Mais recentemente, estou focado na diferença que meu trabalho pode fazer no mundo mais amplo e em ajudar outros a encontrar satisfação e realização no que fazem.

O executivo e escritor Mike Steib descreveu essa evolução como os três estágios de "aprender, ganhar e retribuir".[5] No primeiro estágio da carreira, podemos focar em desenvolver nossas habilidades e aprofundar nosso conhecimento. No segundo estágio, podemos focar em colher o sucesso material dos investimentos iniciais. Então, no fim, dedicamos mais energia a retribuir – inclusive com aqueles que estão começando e tentando aprender.

Sua carreira não precisa seguir o padrão de Steib – nem o meu. Suas motivações podem ser inteiramente diferentes ou acabar tomando a direção oposta. Talvez você tenha começado no Corpo da Paz, tanto "aprendendo" quanto "retribuindo", e muito mais tarde na vida tenha aplicado seu conhecimento em algo mais lucrativo (finalmente "ganhando" um pouco). Talvez você precisasse de dinheiro na juventude e só tenha podido se dar ao luxo de estudar e aprender depois.

Cada caminho é diferente. Não há um motivo ruim para trabalhar. No entanto, muitos de nós vivem com a sensação de que seria melhor não trabalhar.

Buda concordava que encontrar a iluminação no mundo do trabalho poderia ser difícil, que esse mundo poderia ser "limitante" para muitos de nós, que poderíamos nos sentir "pressionados" por nossos compromissos mundanos.[6] Mas, para deixar claro, ele não estava contrapondo isso com a vida em um *resort*. Buda estava comparando tanto o trabalho como a vida familiar à opção pelo extremo oposto – abandonar todas as posses e todo o apego. Ele achava que a iluminação era um pouco mais fácil para um monge errante, mas compreendia que não se tratava de um caminho possível para todos.

Por outro lado, Buda achava que largar o trabalho para buscar a felicidade era uma *péssima* ideia. Perseguir o que ele chamava de "prazeres sensuais" podia parecer bom a princípio, mas a longo prazo era mais como ser "atingido por um dardo". No fim, tal vida tem ainda mais sofrimento, como água entrando em um barco furado.[7]

Muitas pessoas têm dificuldade em acreditar nisso. Se gostamos de golfe ou tricô, ioga ou livros, não seríamos mais felizes nos dedicando a isso em tempo integral, em vez de nos arrastarmos para o trabalho?

Provavelmente não. Se você já tomou sorvete demais ou comeu rosquinhas demais (sim, isso é possível), sabe que mesmo o excesso de coisas boas é prejudicial. O problema de se manter livre o dia todo é que ficamos preguiçosos e inquietos, o que acaba se tornando um grande obstáculo no caminho para a realização verdadeira.[8] (Temos todo um capítulo a respeito disso mais para a frente.) Trabalhar de menos não é melhor do que trabalhar demais – talvez seja até pior. Buscar prazeres incessantemente só leva a mais distrações, o exato oposto do que precisamos se quisermos de fato despertar. Buda dizia que "uma ocupação honesta" era "a maior bênção"[9] não porque queria que trabalhássemos vinte e quatro horas por dias, mas porque via o trabalho como parte integral de uma vida plena.

Mas nossa vida não pode ser apenas trabalho. Buda também descreveu aprender, praticar um ofício, encontrar pessoas boas e manter uma família como as maiores bênçãos. Então, sim, ele apontava muitas "maiores bênçãos". Mas o ponto é: existem muitas bênçãos importantes na vida, e o truque é combiná-las.

A vida fica melhor quando há equilíbrio. Essa é a verdadeira mensagem do Caminho do Meio de Buda. Quer trabalhemos em casa, em um escritório, em uma fábrica ou em um estabelecimento comercial, o trabalho pode contribuir para esse equilíbrio. Há tantos motivos para trabalhar quanto há trabalhadores. Independentemente das nossas razões, o que precisamos fazer é manter o trabalho em seu lugar.

CAPÍTULO 2

O custo do sofrimento

SE NÃO TEM NADA DE ERRADO EM TRABALHAR, PELO MENOS NA TEORIA, por que é tão *difícil*?

No primeiro sermão formal de Buda, ele expôs "Quatro Nobres Verdades". Vamos falar sobre todas elas em breve, mas neste momento focaremos na primeira, que em geral é traduzida como "A vida é sofrimento".

Parece um pouco deprimente, mas Buda não queria que fosse. Ele só estava tentando validar uma sensação que todos temos de vez em quando. A vida é difícil. Dor e perda são inevitáveis. Mas a vida não é *só* sofrimento. Há momentos de alegria e felicidade também. A maior parte de nós não vive em agonia constante. Mas todos encaramos dificuldades em certos momentos. E saber que mesmo as experiências mais agradáveis e recompensadoras vão ter um fim as deixa marcada pela perda iminente.

Alguns estudiosos não têm certeza sobre se foi mesmo "sofrimento" que Buda quis dizer. Buda não falava a língua deles, lógico. Nem sabemos ao certo qual idioma ele falou. Seus ensinamentos chegaram até nós por meio de algumas línguas indianas antigas, incluindo uma chamada páli. A palavra usada nessa língua é *dukkha*. Uma possível tradução de *dukkha* é "sofrimento", ou mesmo "dor", por isso a versão mais comum da primeira verdade de Buda costuma ser "A vida é sofrimento". Mas outros preferem usar o termo "estresse".[1] Então outra versão da primeira verdade de Buda é: "A vida é estressante".

Em muitos de nós, essa versão ecoa mais – sobretudo se pensamos em trabalho.

Estudo após estudo confirma que o trabalho é algo muito estressante. De acordo com um relatório do Instituto Nacional da Saúde e da Segurança Ocupacional, 40% dos trabalhadores americanos consideram seu trabalho "muito ou extremamente estressante".[2] O Washington Business Group on Health estimou que "46% dos funcionários estão seriamente estressados, chegando à estafa".[3] Ainda em 1996, pesquisas apontaram que 75% dos trabalhadores americanos experimentavam níveis altos de estresse no trabalho pelo menos uma vez por semana,[4] e as coisas provavelmente só pioraram desde então.

E não só os americanos. Um estudo europeu recente descobriu que 27,5% dos trabalhadores do continente sofriam de fadiga extrema, em consequência de um ambiente de trabalho estressante.[5] Uma pesquisa com trabalhadores suecos descobriu que 38% consideravam seu trabalho estressante.[6] Na Suécia! Se nem os suecos conseguem relaxar, temos sérios problemas.

Todo esse estresse tem um custo muito real. As primeiras estimativas do custo total do estresse no ambiente de trabalho para a sociedade datam dos anos 1990 e eram de até 10% do Produto Nacional Bruto (PNB).[7] Hoje, nos Estados Unidos, isso representaria 1 trilhão de dólares! O custo direto apenas em perda de receita devido ao estresse no ambiente de trabalho é estimado em 150 bilhões.[8] A Organização Mundial do Trabalho estima que o custo do estresse no ambiente de trabalho esteja entre 1% e 3,5% do Produto Interno Bruto (PIB) de todo o mundo.[9]

E não se trata apenas do custo financeiro. Em seu livro *Dying for a Paycheck*, Jeffrey Pfeffer, professor de Stanford, explica que o estresse no ambiente de trabalho provavelmente leva a mais problemas de saúde e mortes que poderiam ser evitadas do que o fumo passivo. O estresse na maior parte dos escritórios é tão intenso que "trabalhos de colarinho branco muitas vezes são tão estressantes e prejudiciais à saúde quanto o trabalho manual, frequentemente ainda mais".[10] O Instituto Americano para o Estresse estima que "75% a 90% de todas as consultas médicas atuais são relacionadas ao estresse".[11]

Mas não precisa ser assim. O trabalho não precisa nos deixar infelizes. E quando encontramos modos de ser felizes no trabalho todo mundo se beneficia disso.

Sabemos há pelo menos duas décadas que a felicidade aumenta a produtividade no trabalho.[12] Um estudo descobriu que voluntários cujo humor era melhorado por meio da exibição de vídeos engraçados se saíam significativamente melhor em uma tarefa matemática elaborada para simular o raciocínio no ambiente de trabalho.[13] Os mesmos pesquisadores descobriram que "um evento pessoal ruim" (como uma morte na família ou uma doença grave) reduzia o desempenho de uma pessoa em cerca de 10% – mesmo que tivesse ocorrido dois anos antes. É difícil fazer um bom trabalho quando se está triste e fica mais fácil quando se está de bom humor.

Uma pesquisa envolvendo muitos estudos recentes concluiu que a felicidade melhora a criatividade e que "atitudes e experiências positivas estão associadas a consequências benéficas tanto para os empregados quanto para as organizações".[14] Um estudo longitudinal em ampla escala no Canadá chegou a resultados semelhantes.[15] Como os pesquisadores colocaram, de maneira bastante simples, "pessoas felizes foram mais produtivas" e "pessoas foram mais produtivas quando estavam mais felizes".

Muitas vezes pensamos que sucesso na carreira leva à felicidade, e muitos de nós toleram dias ruins, chefes ruins e trabalhos muito ruins esperando por isso. Mas talvez tenhamos entendido errado. E se ser infeliz no trabalho levar a menor produtividade e, por fim, a menor sucesso?

Em um exame exaustivo da literatura científica, três pesquisadores da Califórnia concluíram: "Pessoas felizes recebem salário mais alto, apresentam melhor desempenho e obtêm avaliações mais favoráveis do supervisor que seus pares menos felizes".[16] Eles chegaram a essa conclusão depois de avaliar décadas de "pesquisas transversais, longitudinais e experimentais" – essencialmente todos os tipos possíveis de se estudar a questão.

Sua conclusão foi bastante evidente: "A felicidade precede o sucesso na carreira". E não o contrário.

Resumindo, muitos de nós sofrem no trabalho, e tal sofrimento leva a custos reais – para nossa saúde e nossos empregadores. Ao mesmo tempo, trabalhadores felizes não são apenas mais felizes, mas também mais produtivos e mais valiosos para os empregadores. A felicidade não é apenas uma recompensa por si só, mas também pode nos levar a maior sucesso no trabalho.

Então como ficamos felizes? Há alguma chave mágica que abra a porta para a felicidade e todos os seus benefícios? Foi isso que Buda tentou descobrir.

CAPÍTULO 3

O budismo foi uma startup

FALAMOS UM POUCO SOBRE A VIDA DE BUDA, MAS PASSAMOS POR cima de algumas questões importantes. Por que ele começou o budismo? Por que essa *startup* espiritual em particular acabou durando tanto tempo?

Há certa controvérsia sobre como exatamente Buda viveu. Ninguém tentou estabelecer a data precisa até séculos depois, e os relatos de sua vida não mencionam nenhum evento que ajude nesse sentido. Estudiosos budistas de vários países chegaram a datas diferentes, que variam em cerca de cem anos,[1] com base nas informações que temos. Sendo sincero, acho seus argumentos um pouco difíceis de acompanhar – muitos deles parecem depender de quantos anos se passaram entre a morte de Buda e o governo de certo rei indiano, porque esse rei conheceu alguns gregos que haviam desenvolvido melhor seu calendário. Mas, se disser que Buda viveu por volta de 500 a.C., ninguém vai te chamar de mentiroso e você provavelmente não estará muito errado.

Faz bastante tempo. Muita coisa mudou nos últimos 2.500 anos, o que torna a comunidade budista – chamada de sanga – a mais antiga instituição ainda existente.[2] Nenhuma companhia, nenhuma universidade, nenhum governo e nenhum exército sobreviveu por tanto tempo. A sanga de Buda sobreviveu a todos.

É evidente que antes de haver uma sanga praticando budismo havia apenas Buda. Independentemente de quando, todo mundo concorda que Buda nasceu príncipe do que hoje é o Nepal e foi criado ali perto, provavelmente no nordeste da Índia. Ele levou uma vida bastante protegida em um lindo palácio, cercado por todos os luxos imagináveis para a época. (Pense em comida suntuosa e roupas refinadas, mas, infelizmente, nada de Nintendo ou Lego.) A mãe dele morreu no parto, mas sua irmã o criou como um filho, sendo a segunda esposa do rei. Buda teve uma infância feliz, casou-se cedo e teve um filho, sempre isolado em propriedades luxuosas dotadas de lindas lagoas com lótus. Ele tinha três mansões, uma para cada estação indiana. Passava os quatro meses de chuvas, quando ficava difícil sair ao ar livre, fechado apenas com criadas e acompanhantes.[3] (Tire as conclusões que quiser com base nisso – dizem que elas eram "musicistas".)

Então, por volta de seu aniversário de 29 anos, ele fugiu para se tornar um asceta errante. Reza a lenda que convenceu um criado fiel a se esgueirar com sua carruagem até uma cidade vizinha, onde Buda testemunhou pela primeira vez os estragos da doença, da velhice e da morte.[4] Ele se deu conta de que a vida não era só diversão, jogos, palácios e prazeres e decidiu perseguir uma vida puramente espiritual. Buda passou seis anos perambulando pelo interior da Índia, praticando todo tipo de abnegação, acompanhando diferentes professores notáveis. Ele tentou de tudo, de jejum a autoflagelação, o oposto de sua antiga vida de luxos, antes de se cansar disso também, convencido de que não lhe dava nenhuma resposta para as grandes questões da vida.

Finalmente, Buda decidiu se sentar sozinho e meditar a noite toda. Foi então que teve sua grande epifania, seu despertar. Na verdade, foi só aí que passou a ser chamado de Buda, que significa literalmente "o Desperto".

Vamos falar mais sobre o que ele descobriu nessa noite no próximo capítulo. Mas o ponto aqui é: a tendência inicial de Buda foi de parar nesse ponto. Ele havia conseguido. Havia atingido seu objetivo depois de anos de esforço. Havia chegado à iluminação. Finalmente podia encerrar sua busca incessante.

Ele pensou em ensinar, mas decidiu que estava bem em ser apenas Buda, e não um professor.

Em certo sentido, seu motivo para *não* ensinar era o mesmo que muitos de nós se dão para não tentar algo novo: Buda achava que ia fracassar.

Ele próprio explicou depois que sentia que seu caminho recém-descoberto era "difícil de ver e difícil de compreender" e que, "se eu fosse ensinar, outros não iam me compreender, o que seria cansativo e problemático para mim".[5] Em outras palavras, ensinar o darma – a verdade que havia acabado de encontrar – seria difícil e provavelmente não daria certo, o que seria o maior pé no saco, mesmo para um ser iluminado. "Considerando isso", Buda concluiu, "minha mente se inclinou mais à inação do que ao ensino."

Acho que todos podemos compreender a posição dele. Nenhum de nós gosta de fracassar. E tentar algo novo é sempre arriscado.

Diz a lenda que foi preciso intervenção divina para mudar sua mente. O deus Brama veio à terra e implorou que Buda compartilhasse sua sabedoria. Brama concordou que talvez nem todos compreendessem

Buda, mas sabia que alguns entenderiam. E aqueles preciosos sucessos compensaram quaisquer fracassos. Após alguma insistência, Buda se deixou convencer.

Depois que ele começou a ensinar, não conseguia mais parar. Por fim, ensinou por 45 anos, até sua morte. (Sua última lição foi dada em seu leito de morte.) Mas, como muitos de nós, foi necessário um empurrãozinho para que Buda superasse as dúvidas em relação a si próprio.

Então, por que seus ensinamentos sobreviveram por tanto tempo, se o próprio Buda não estava convencido de que alguém iria compreendê-los.

Acho que houve algumas razões. Em primeiro lugar, Buda era prático. Ele falou sobre o mundo à nossa volta, o mundo que nós próprios conhecemos. Tentou ajudar as pessoas a resolver problemas reais que qualquer um poderia compreender. Deu exercícios muito práticos – muitos dos quais vamos incluir aqui – para levar uma vida mais feliz e desperta.

Quando lhe perguntavam sobre questões mais abstratas, Buda muitas vezes as deixava de lado. Por exemplo, ele se recusou a dizer se acreditava ou não na vida após a morte,[6] argumentando que aquilo não era tão importante. Buda a comparou a um homem atingido por uma flecha que não permite que um cirurgião o trate até que saiba o nome e o clã da pessoa que atirou nele, ou se era alta ou baixa, ou de onde vinha, ou que tipo de arco tinha usado etc. Poderiam até ser perguntas interessantes, mas o principal era arrancar a flecha. Para todos nós que sofremos neste mundo, se há ou não outro não passa de uma curiosidade inútil.

Em segundo lugar, Buda era flexível. Ele tentou todo tipo de abordagem antes de optar por aquela que acabou se tornando sua via. Estudou com mestres contemporâneos seus e aprendeu o que podia antes de se aventurar por conta própria.

Buda rejeitava a rigidez do sistema de castas da Índia, insistindo que qualidades boas ou ruins estavam "distribuídas indiscriminadamente entre as quatro castas"[7] e que qualquer um poderia encontrar a iluminação. Ele recebia "párias" e "intocáveis" de braços abertos em sua comunidade de seguidores, insistindo que "ninguém se torna pária por nascimento", mas apenas por meio de ações imorais.[8] Seu caminho estava aberto para qualquer um, em qualquer lugar.

Embora Buda tenha criado muitas regras (visto que era alguém prático), em seu último sermão sugeriu que futuros estudantes abolissem as "menores", deixando que decidissem quais eram elas.[9] Ele parecia disposto a adaptar seus ensinamentos a diferentes épocas e lugares e a admitir quando estava errado. (A princípio, Buda se recusou a aceitar mulheres como discípulas, mas então sua mãe adotiva o convenceu a fazê-lo.) Ele era aberto a novas experiências e continuou meditando durante toda a vida, praticando o que pregava.

Em terceiro lugar, Buda era positivo. Como qualquer bom empreendedor, ele acreditava em si mesmo. Buda confiava que encontraria um caminho além do sofrimento. E, depois de a princípio hesitar em ensinar, não se mostrou mais dado a rodeios ou indecisão. Ele também acreditava em nós. "Habitem a si mesmos como sua própria ilha, habitem a si mesmos como seu próprio refúgio", ele disse a seus seguidores, pouco antes de sua morte.[10] Confie em si mesmo. Essa é uma mensagem que muitos de nós desejam ouvir.

Mas ser prático, flexível e positivo não é garantia de sucesso. Muitas pessoas têm essas qualidades hoje – e provavelmente muitas tinham há

2.500 anos. E a maior parte delas nunca deu início a nada nem de perto tão bem-sucedido como o budismo.

Como qualquer *startup*, o sucesso definitivo do budismo dependeu da qualidade do produto. Um grande fundador só pode levar sua empresa até certo ponto. Mais que qualquer outra coisa, o sucesso da *startup* budismo dependia de seu produto. Buda viu um problema – o sofrimento – e encontrou uma solução. Uma solução que funcionava.

Depois disso, foi quase fácil. Um produto que quase se vende sozinho, como milagre.

CAPÍTULO 4

A grande ideia de Buda

DEPOIS DE SEU GRANDE DESPERTAR, BUDA ENSINOU POR 45 ANOS. Suas lições cobriram tudo, atividade física, sono, alimentação, concentração. Ele provavelmente tinha algo a dizer sobre quase todos os assuntos que se possa imaginar. Mas nada disso importaria se Buda não tivesse descoberto algo capaz de tocar o coração de todos os seres humanos: *o despertar é possível.*

Para Buda, a maior parte de nós atravessa a vida apenas semiacordado. Seguimos o fluxo, às vezes até desfrutando, mas sem estarmos totalmente presentes. Não prestamos atenção de verdade. E isso é uma tragédia! Deixamos a vida passar vivendo-a pela metade.

Em nenhum lugar isso fica mais aparente para a maior parte de nós do que no trabalho. Sonhamos acordados à mesa do trabalho. Contamos os minutos (ou as horas!) nas reuniões. Fazemos planos infinitos para os nossos próximos passos, em vez de focar no momento presente.

A grande ideia que Buda teve foi que não precisa ser assim. É possível despertar e levar uma vida plena agora mesmo – ainda que trabalhando.

"Buda" significa "o Desperto", e toda a base do que hoje chamamos de budismo tem a ver com o fato de que pelo menos uma pessoa no mundo foi capaz de despertar. As chamadas "três joias" do budismo são: Buda, o primeiro a despertar; o darma, seus ensinamentos; e a sanga, sua comunidade de seguidores. Sem a primeira experiência de despertar, não resta nada.

Antes que eu me aprofunde no que Buda quis dizer, é preciso explicar por que sabemos *qualquer coisa* sobre o que esse antigo príncipe indiano fez ou disse 2.500 anos atrás. Quando cito as palavras de Buda aqui, falo de relatos escritos de seus ensinamentos. As lições de Buda não foram gravadas, é evidente, e ele mesmo nunca escreveu nada. Não se sabe com certeza nem se Buda era alfabetizado.[1] Escrever naquela época era uma atividade considerada especializada, e não uma parte necessária da educação geral, mesmo para a realeza, caso dele. Não há relatos nas escrituras budistas em que ele apareça lendo ou escrevendo.

Dizem que, meses após a morte de Buda, quinhentos seguidores iluminados se reuniram a convite de um rei local para discutir os ensinamentos e garantir o consenso por toda a sanga. Eles se revezaram recitando ensinamentos e os gravavam na memória. Desse modo, esses ensinamentos foram passados oralmente por inúmeras gerações, conforme o budismo ia se espalhando. Seres humanos são surpreendentemente bons nesse tipo de memorização. (Ainda posso recitar o preâmbulo da Constituição dos Estados Unidos, que aprendi na escola e talvez só tenha repetido uma dúzia de vezes em trinta anos.) Esses monges e monjas tiveram treinamento especial e é provável que recitassem textos com frequência para não os esquecer. Houve outros dois desses "conselhos budistas", realizados cerca de cem e duzentos anos após a morte de Buda, para garantir o consenso em relação aos ensinamentos e resolver quaisquer discrepâncias.[2] Ainda assim, é seguro afirmar que erros foram inseridos.

Antes que qualquer coisa fosse escrita, os ensinamentos já haviam se espalhado demais para que todos os seguidores de Buda pudessem se reunir. Um quarto conselho budista foi realizado no Sri Lanka, por volta do ano 100, no qual as palavras budistas foram convertidas para o páli, uma antiga língua indiana, e escritas em folhas de palmeiras. Mas Buda não falava páli (embora o que quer que falasse devesse estar intimamente relacionado com essa língua). Então mesmo essa versão do cânone budista era uma tradução. E não temos nenhum desses documentos preservados, porque folhas de palmeira, como você deve imaginar, são bem frágeis. O que temos são cópias de cópias de cópias, e por aí vai. As cópias mais antigas existentes são de pelo menos mil anos depois.[3]

Outros seguidores em diferentes partes da Ásia começaram a escrever essas coisas mais ou menos na mesma época, muitas vezes em outras antigas línguas indianas. Essas versões acabaram chegando à China e ao Tibete, onde foram traduzidas para as línguas locais. Com base em fragmentos de manuscritos e inscrições em pedra encontradas na Índia, sabemos que muitas dessas primeiras traduções se perderam por completo.* Em outros casos, acabamos com duas ou três versões da mesma lição em línguas diferentes e podemos compará-las para tentar discernir como pode ter sido a original.[4]

Tudo isso é para explicar que as citações que incluo neste livro são, na melhor das hipóteses, uma cópia distante de uma tradução de uma tradução de algo que foi memorizado muito tempo antes, escritas pela primeira vez muitos séculos depois da morte de Buda. Isso é tudo o que temos.

* Pelo menos até agora. As escrituras budistas mais antigas de que se tem notícia foram encontradas no Paquistão há 25 anos. Foram escritas em casca de bétula e enterradas em jarros de barro. Quem sabe o que podemos encontrar a seguir? Então, por favor, não jogue fora nenhum jarro velho.

Mas, de acordo com esses textos, Buda não partiu com o intuito de despertar. Quando ele era apenas um príncipe confuso, o que queria mesmo era entender o sofrimento. Especificamente, desde que teve seu primeiro contato com a doença, a velhice e a morte durante sua excursão secreta fora do palácio, Buda ficou se perguntando como podemos viver sabendo que a dor e a perda são inevitáveis. Como podemos manter a sanidade em um mundo repleto de sofrimento?

Lembre-se de que seus pais tinham uma resposta mais simples para ele, uma a que nós mesmos provavelmente recorremos uma vez ou outra: a negação. Para eles, a maneira mais simples de superar o sofrimento era evitá-lo a todo custo. Por isso o rei e a rainha mimaram e protegeram tanto o filho. Eles pensavam que, se pudessem encher sua vida de conforto e prazeres, seu filho nunca precisaria sofrer.

Não funcionou, é lógico, como não deve funcionar para você. Evitar os problemas não faz com que eles desapareçam. Não tem nada de errado em mimar a si mesmo de vez em quando, mas os efeitos da melhor terapia com compras ou do melhor tratamento de *spa* em geral duram muito pouco.

Buda descobriu por que a negação e a fuga não funcionam. O problema de perseguir a diversão é que ela nunca dura. E, assim que nos damos conta de que não vai durar, aquilo deixa de ser tão divertido.

Por outro lado, cercar-se de sofrimento tampouco funciona. Buda tentou fazer isso por seis anos após deixar o palácio. Ele experimentou práticas tão extremas que quase morreu. Mas tudo o que conseguiu se maltratando foi ficar ainda mais infeliz. Afundar-se no sofrimento não faz com que ele diminua.

Foi para essa grande verdade que Buda despertou, essa foi a grande ideia que fez dele o Desperto: a única maneira de superar o sofrimento é encontrar o Caminho do Meio entre os dois extremos. Em vez de fugir da dor ou correr para ela, é preciso aceitá-la. E, ao aceitar que a vida envolve certa dose de dor e aborrecimento, ambos perdem seu poder. É disso que se trata, de equilíbrio.

Como *exatamente* o equilíbrio supera o sofrimento? Em sua primeira lição, depois de anunciar o Caminho do Meio, Buda descreveu Quatro Nobres Verdades. De novo, não sabemos como exatamente ele as descreveu na época, mas as traduções que temos apontam para isto:

A vida é sofrimento.
A causa do sofrimento é o desejo.
A maneira de acabar com o sofrimento é acabar com o desejo.
A maneira de acabar com o desejo é por meio do Nobre Caminho Óctuplo.

Já mencionei o Caminho Óctuplo, e vamos falar mais a respeito no próximo capítulo. Por agora, vamos focar nas primeiras três verdades.

Um modo de pensar sobre elas é que sofremos porque queremos que as coisas sejam diferentes. A causa do sofrimento não é a dor em si ou a falta de sorte – é a insatisfação. É querer coisas, desejar coisas. Não sofremos porque coisas ruins estão acontecendo; sofremos porque não conseguimos o que queremos.

Isso não quer dizer que a dor seja boa ou agradável. Não é. Mas os aborrecimentos não são a causa do sofrimento. Resistir a eles é a causa do sofrimento. Buda aprendeu que a dor nunca pode ser completamente evitada, mas que o sofrimento ainda pode ser superado.

Às vezes vemos essa mensagem resumida na frase "O sofrimento é opcional".[5] Acho que é uma boa maneira de pensar nisso. Quando algo doloroso nos acontece, não apenas sentimos a dor imediata – também temos sentimentos em relação à dor. Ficamos bravos, frustrados ou ressentidos e, às vezes, nos sentimos até vingativos. Então temos dois sentimentos desagradáveis: um físico e um mental. Buda descreveu isso como ser atingido por duas flechas.* A primeira flecha não pode ser evitada – a dor tem seu efeito, queiramos ou não. Mas a segunda flecha é escolha nossa. Podemos nos desviar dela. Assim, mesmo que sentir dor nos faça sofrer, não precisamos sofrer *por causa* da dor que sentimos. Levando uma vida de equilíbrio, sem lutar contra a dor ou cortejá-la, evitamos a segunda flecha.

Tudo isso se aplica a nós também em relação ao trabalho. Não importa quanto tentemos, obstáculos sempre vão aparecer. Podemos não ser escolhidos para uma vaga ou nunca ser promovidos. Podemos ter um prazo impossível de cumprir ou trabalhar em um horário péssimo. Não precisamos ficar encontrando dificuldades, tampouco podemos evitá-las por completo.

Buda não nos aconselha a ficar felizes quando nos deparamos com esses problemas, mas a aceitar que isso acontece e seguir em frente. A chave para o despertar não é evitar os problemas ou ignorá-los. Viver em negação ou viver fantasiando não são as respostas.

Se parece que é mais fácil dizer tudo isso do que fazer é porque é verdade. Mas Buda também descobriu uma importante técnica para nos ajudar nesse processo.

* Sim, outra metáfora com flecha. (A primeira apareceu no capítulo anterior.) Parece seguro afirmar que ser atingido por uma flecha era muito mais comum na época de Buda.

PARTE 2:

PRÁTICAS

CAPÍTULO 5

Prestando atenção

A COISA MAIS IMPORTANTE QUE VOCÊ PODE FAZER NO TRABALHO É A coisa mais importante que, segundo Buda, devemos fazer na vida: prestar atenção. Em outras palavras, praticar a atenção plena.

Você provavelmente tem ouvido falar bastante de atenção plena nos últimos tempos. Ela tem sido ensinada em escolas e empresas. A Biblioteca Nacional de Medicina dos Estados Unidos lista mais de 3 mil publicações científicas com "atenção plena" no título. Embora o primeiro desses trabalhos date de 1982 (e seja bastante bom!),[1] 2.963 deles foram publicados nos últimos dez anos.

Para muitas pessoas, atenção plena, meditação e budismo são sinônimos. Dá para entender por quê: Buda teve seu grande despertar depois de meditar durante toda a noite, e você deve ter a impressão de que a atenção plena e a meditação estão ligadas de alguma forma. Mas elas não são a mesma coisa. E compreender a diferença é essencial para entender por que a atenção plena é tão importante no trabalho e na vida.

A atenção plena já fazia parte dos ensinamentos de Buda desde o princípio. Ela é mencionada em seu primeiro sermão, em geral chamado de Sermão do Parque de Cervos porque, bem, foi realizado em um parque de cervos, em uma clareira no meio da floresta aonde tais animais costumavam ir. Mas a atenção plena não aparece de maneira imediata. Buda começa descrevendo o Caminho do Meio, que é como ele chamava evitar os dois extremos como havia vivido até então. Conforme discutimos, a vida de Buda oscilou como um pêndulo pelos primeiros 35 anos. Mas a chave do despertar não era tentar se esconder do sofrimento, como ele fizera nos seus primeiros 29 anos de sua vida de príncipe, tampouco mergulhar no sofrimento, como ele fizera nos seis anos seguintes como um asceta, e sim optar por se manter entre ambos. Você pode pensar nisso como não evitar e não cortejar o sofrimento, aceitando-o, lidando com ele e seguindo em frente.

Conforme o primeiro sermão avança, Buda explica as oito partes desse Caminho do Meio. Ele diz que precisamos cultivar a compreensão, o pensamento, a fala, a ação, o meio de vida, o esforço, a atenção e a concentração corretos. Buda não entra em muitos detalhes, além de enumerar esses oito itens, e a princípio não fica muito evidente se ele considerava a atenção plena mais importante que as outras partes do caminho.

Então ele avança para o que conhecemos como Quatro Nobres Verdades, que afirmam que, embora o sofrimento exista e seja inevitável, ele é causado por nossas ambições sem fim, de modo que existe um caminho para aceitá-lo e acabar por superá-lo. Esse caminho é composto pelas oito partes que acabamos de listar.

É isso. Esse é o fim da primeira lição – em seguida, os ascetas que a ouviram, sem exceção, despertaram. A atenção plena é menciona da duas vezes, mas perto do fim das oito partes importantes da prática. E a meditação não é mencionada de maneira explícita. Se tudo o que você conhecesse sobre o budismo fosse esse primeiro sermão, saberia que ele trata da superação do sofrimento, mas provavelmente não acharia a atenção plena e a meditação muito importantes.

Contudo, conforme Buda avançou em suas ideias iniciais, a atenção plena começou a assumir uma posição mais central. Ele deu inúmeros outros sermões apenas sobre ela. Chegou a declarar que os fundamentos da atenção plena era "a via direta [...] para alcançar o caminho verdadeiro" e o nirvana.[2]

Por que a atenção correta seria mais importante do que a fala e/ou a ação correta? Deixando o contexto budista por um momento, isso não parece nem um pouco óbvio. A atenção plena não é um estado mental? Certamente nossas ações causam mais sofrimento do que nossos pensamentos. Todos nós já tivemos a experiência de causar sofrimento, em nós mesmos ou nos outros, intencionalmente ou não, com nossas palavras e ações. Mas podemos mesmo causar sofrimento com a mente?

A resposta é sim, podemos. E causamos. O tempo todo.

Vamos começar com o que significa atenção plena. Um estudioso budista moderno a descreve como "a consciência clara e sincera do que realmente acontece conosco nos sucessivos momentos de percepção".[3] Uma definição mais psicológica seria "o estado de estar atento e consciente ao que acontece no presente".[4] Nos termos mais simples possíveis, como dissemos no início deste capítulo, atenção plena é prestar atenção.

A atenção é a chave para o restante do Caminho Óctuplo. Não há como cultivar a fala correta sem prestar atenção a como falamos. Não há como cultivar a ação correta sem prestar atenção ao que estamos fazendo. Sem a atenção plena, ficamos empacados. É como se tentássemos seguir o caminho de Buda dormindo.

Essa é a relação entre atenção plena e budismo. "Budismo" é o termo moderno para os ensinamentos de Buda, o que é tradicionalmente chamado de "darma". Colocando de outro modo, budismo é a articulação do caminho de Buda para o despertar. E a atenção plena é o que torna possível seguir esse caminho.

Talvez a excelência da atenção plena não fosse tão óbvia para Buda quando ele começou a ensinar. Ou talvez fosse tão óbvia que ele não sentia necessidade de dar explicações. Mas é por isso que hoje focamos tanto na atenção plena na prática budista – porque ela é a chave que abre a porta para todo o caminho.

A atenção plena é essencial no trabalho também. Seu trabalho às vezes pode parecer insensato, mas garanto que, se fosse, você não o estaria realizando. Hoje, praticamente qualquer coisa que pode ser automatizada *é* automatizada. Se você realiza determinado trabalho é porque alguém sentiu ser necessário que alguém prestasse atenção nessa atividade.

Isso é apoiado por pesquisas. Estudos demonstraram que desenvolver a atenção plena melhora o desempenho no trabalho em uma ampla gama de indústrias e profissões, incluindo garçons, supervisores e gerentes de nível médio, enfermeiros, psicoterapeutas e até mesmo operadores de usinas nucleares.[5] Um teste que oferecia uma aula de uma hora por semana por oito semanas a enfermeiros em uma unidade de tratamento intensivo, em que há elevado nível de estresse, revelou que "o engajamento e a resiliência entre os participantes aumentaram significativamente".[6] Em ambientes assim, nos quais o desempenho do funcionário tem consequências no mundo real, os autores notaram que a atenção plena "não só melhora a vida dos indivíduos, mas potencialmente a vida que eles tocam por meio de seu trabalho". Um estudo das Forças

Armadas dos Estados Unidos revelou que o treinamento em atenção plena "pode proteger das deficiências funcionais associadas a contextos de estresse elevado".[7] (Caso esteja se perguntando se Buda aprovaria ensinar atenção plena a soldados, os autores do estudo apontam que isso "pode fornecer mais recursos cognitivos para que os soldados ajam de maneira mais ética e efetiva no ambiente moralmente ambíguo e emocionalmente desafiador da contrainsurgência".)

Mas a atenção plena não serve apenas a soldados e enfermeiros de UTI. Mesmo em ambientes de trabalho mais típicos, tem-se observado que ela melhora "a criatividade, a inovação, a resiliência, o engajamento profissional, a produtividade e as habilidades de comunicação e reduz o conflito, o absenteísmo e a rotatividade".[8] Um estudo com 238 empregados da seguradora de saúde Aetna descobriu que o treinamento em atenção plena melhorou a produtividade e a sensação de estresse deles.[9] Empresas tão diversas como Target, General Mills e Intel vêm oferecendo programas de atenção plena a seus funcionários e visto resultados positivos.[10]

Então, se a atenção plena é algo tão bom, como conseguimos desenvolvê-la? Esse é o assunto do nosso próximo capítulo. Não é preciso trabalhar em uma empresa como Google, que ensina sobre atenção plena no próprio escritório. A coisa mais importante que você pode fazer por seu trabalho talvez deva ser feita em casa mesmo.

CAPÍTULO 6

Medite como Buda

A ATENÇÃO PLENA É ALGO DIFÍCIL, VISTO QUE O MUNDO ESTÁ CHEIO de distrações. Quantas vezes você pegou o celular desde que abriu este livro? Quantas mensagens vai mandar antes de terminar este capítulo?

Mas não são apenas os celulares e as telas em geral que nos distraem. A atenção plena já era difícil 2.500 anos atrás. Mesmo nessa época, Buda se preocupava que as pessoas fossem tão consumidas por suas próprias distrações (que ele chamava de "apegos") que nunca compreenderiam seus ensinamentos. "É difícil para esta geração ver a verdade", ele lamentava – palavras que provavelmente ecoaram em todos os professores de todas as gerações desde então.[1] E tenha em mente que a geração problemática de Buda não apenas vivia antes dos celulares e computadores, da televisão e do rádio: ela vivia antes do *papel* – e, ainda assim, uma distração parecia um problema intransponível.

Então como desenvolvemos a atenção plena? Agora sabemos como ela é importante, mas como praticá-la? Como aprendemos a eliminar todas as distrações?

Buda tinha uma resposta bastante simples para isso: a meditação. É por meio dela que exercitamos a atenção plena.

E quando digo "exercitamos" estou sendo literal. É igual a quando fazemos exercícios para o dedo a fim de tocar piano. Se você tentou aprender esse instrumento quando pequeno, ou se teve o azar de ouvir uma criança aprendendo a tocar mais recentemente, sabe que fazer exercícios não é a mesma coisa que tocar. Quando fazemos exercícios, podemos tocar as mesmas notas repetidas vezes. Estamos desenvolvendo a memória muscular das nossas mãos e treinando nossa mente a ler as notas. Isso é muito diferente de tocar música.

A mesma coisa acontece quando aprendemos a dirigir. Você pode treinar em um estacionamento vazio ou tentar fazer baliza entre dois cones em uma rua tranquila. Mas não vai dirigir de verdade até se colocar em meio ao trânsito.

Então, só para deixar claro: o verdadeiro despertar não acontece sobre uma almofada de meditação. O despertar acontece quando estamos imersos no mundo. O despertar está relacionado a como vivemos a vida depois de levantar da almofada. Meditamos de modo a nos preparar para isso.

Buda deu instruções muito detalhadas sobre como meditar. Ele devotou lições inteiras a várias técnicas, e professores modernos escreveram livros inteiros sobre lições individuais.[2] Diferentes escolas de budismo desenvolveram estilos ligeiramente diferentes ao longo dos séculos, e algumas tendem a enfatizar certas técnicas em particular. Mas a maioria começa com algumas diretrizes básicas: encontrar um lugar tranquilo, sentar com a coluna ereta e focar na respiração.

Buda sugere alguns lugares tranquilos onde meditar: na floresta, ao pé de uma árvore ou em uma cabana vazia.[3] Atualmente, qualquer lugar tranquilo serve. Na tradição zen, costuma-se meditar de frente para a parede. O objetivo é minimizar as distrações. De novo, é um pouco como aprender a dirigir em um estacionamento vazio. Você começa facilitando as coisas tanto quanto possível.

A posição tradicional é a postura de lótus, com as pernas cruzadas de modo que cada pé descanse sobre a coxa oposta. Se conseguir ficar assim, ótimo (significa que você deve praticar ioga, o que também é ótimo). Se não conseguir, pode tentar a meia-lótus, em que um pé descansa sobre uma coxa e o outro fica embaixo da outra perna. Se isso ainda for alongamento demais para você, também há a postura birmanesa, com os dois pés cruzados no chão à sua frente. Todas elas ficam mais fáceis se você estiver sentado sobre uma almofada pequena.

Também é possível ficar ajoelhado ou até mesmo se sentar em uma cadeira. O objetivo é se sentar com a coluna ereta, de modo que seu corpo se sinta totalmente sustentado. Uma técnica comum é imaginar o topo de sua cabeça sendo puxado para o teto, esticando ligeiramente a coluna, e então a soltar, de modo que cada vértebra se acomode confortavelmente sobre a de baixo. Se estiver fazendo certo, não deve ser necessário muito esforço para manter o corpo direito.

Agora você está pronto para começar a meditar. Comece colocando um cronômetro. *Isso é importante.* É muito difícil meditar se você fica o tempo todo verificando quanto tempo passou. É possível usar o cronômetro do celular ou aqueles antigos para cozinha, se tiver um, ou você ainda pode baixar um aplicativo especializado.* Independentemente do que escolher, sugiro começar com cinco minutos de meditação.

* Existem muitos! Gosto bastante do Insight Timer, que é gratuito e incrível: https://insighttimer.com.

Respire profundamente três vezes. A cada inspiração, esteja consciente de puxar o ar. A cada expiração, esteja consciente de soltar o ar. Depois das primeiras três, respire de modo normal. Mas se mantenha atento à respiração. Fique alerta à respiração longa ou curta. Tente notar cada uma.

Buda sugeriu fazer isso narrando cada respiração mentalmente.[4] Ao inspirar, você diz (para si mesmo, em silêncio): "Estou inspirando". Ao expirar, você diz a si mesmo: "Estou expirando". Ao respirar mais fundo, você diz: "Minha respiração está profunda". Ao respirar de modo mais curto, você diz: "Minha respiração está curta". Isso ajuda a impedir sua mente de devanear e a manter você consciente.

Não se trata apenas de consciência mental, mas também de consciência física. Você deve se *sentir* respirando. Deve notar o modo como o ar entra no seu corpo e sai dele. Deve senti-lo na boca ou no nariz. Deve notar o modo como seu peito sobe e desce. Deve *sentir* seu peito subir e descer.

Hoje, é comum ouvir pessoas falando sobre como algumas atividades aparentemente físicas – como correr ou jogar tênis ou golfe – são, em grande extensão, mentais. Mas o oposto também é verdade. Tendemos a pensar em meditação como um exercício puramente mental, um modo de acalmar a mente, mas ela também é uma atividade física. Meditação não é apenas um modo de pensar; é algo que *fazemos*, tanto com a mente quanto com o corpo.

E por que começar com a respiração? Você pode pensar nela como seu metrônomo biológico, que estabelece o ritmo básico da sua existência. Talvez considere que seus batimentos cardíacos serviriam melhor para isso, mas a maioria de nós não consegue distingui-los individualmente. A respiração parece ser ao mesmo tempo onipresente e plenamente identificável, de um modo a que outras funções corporais não são capazes de se equiparar.

Se tudo isso soa muito fácil, é porque você nunca deve ter se sentado e tentado pôr em prática. A princípio, a maior parte das pessoas acha a meditação difícil. A mente vagueia. Começamos a pensar naquela coisa irritante que aconteceu no trabalho, em algo que precisamos fazer mais tarde, em uma antiga paixão da faculdade ou em um novo interesse por alguém da internet. Temos certeza de que ouvimos o celular vibrar e nos perguntamos quem poderia ter mandado uma mensagem. Em algum momento, percebemos que não estamos mais prestando atenção na respiração há sabe-se lá quanto tempo. Queremos desesperadamente olhar para o cronômetro e descobrir por quanto tempo mais precisamos ficar ali sentados.

Tudo bem. Quando notar que está devaneando, volte a focar na respiração. Não importa se isso acontece uma vez ou uma centena de vezes. Não se julgue por isso. Só respire.

Quando já estamos confortáveis observando nossa respiração desse modo, Buda nos encoraja a cultivar a atenção plena no corpo todo. Ao nos sentar, devemos estar conscientes de todo o nosso corpo sentado. Devemos sentir cada ponto em que o corpo toca o chão. Devemos sentir nossas pernas cruzadas uma sobre a outra. Devemos sentir as mãos descansando sobre elas. Devemos notar o ar tocando nossa pele e devemos *sentir* esse ar, quente ou frio, parado ou se movendo. A consciência deve incluir cada parte de nós.

Quão poderosas são essas meditações com atenção plena? Buda as achava bastante poderosas. Em um sutra, ele começa garantindo que qualquer pessoa que pratique esses exercícios de meditação com atenção plena por apenas sete anos chegará ao nirvana.[5] Isso é incrível! Quer dizer, pense a respeito. Sete anos pode parecer muito tempo, mas passamos doze anos na escola, quatro deles só no ensino médio, e o que conseguimos com isso? (Tente puxar conversa usando o espanhol que aprendeu lá e vai ver do que estou falando.) Muitos de nós passam quatro, cinco ou mais anos na faculdade só para se preparar para o mercado de trabalho e se formam ainda se sentindo despreparados. Buda está dizendo que em apenas sete anos de prática podemos fazer muito mais. Podemos conseguir a chave para superar todo o sofrimento. Podemos alcançar o nirvana.

E então, apesar de seu estado iluminado, Buda se revela um péssimo negociador. Porque imediatamente – no meio da mesma lição! – ele começa a barganhar consigo mesmo. Talvez seis anos já sejam o bastante, na verdade. Ou cinco, ele sugere. Ou quatro. E ele vai baixando o número até chegar a um. Um único ano! Então Buda decide que mesmo isso é muito e admite que talvez apenas sete meses já sejam o bastante. Ou seis? Ele continua negociando consigo mesmo até chegar a um mês, depois meio e, finalmente, para em sete dias. E é isso. Esse é o número final. É o mínimo que ele pede. Se conseguirmos praticar a meditação com atenção plena por apenas sete dias, o despertar é garantido.

É um belo negócio. Mas como é possível? Como meditar por sete dias ou mesmo sete anos nos aproxima do despertar?

De novo, voltamos à analogia do piano. Todos aqueles exercícios para os dedos podem parecer monótonos, mas fazem mágica quando passamos para a música de verdade. De modo similar, com o tempo, praticando a atenção plena por meio da meditação, começamos a trazê-la para a nossa vida diária. Talvez não estejamos conscientes de cada respiração ou passo durante o dia, mas já não atravessamos a vida como sonâmbulos.

De maneira gradual, deixamos de restringir a prática da atenção plena ao momento em que estamos sentados na almofada. Buda diz que, ao caminhar, devemos estar conscientes de caminhar. Ao ficarmos de pé, devemos estar conscientes de nossa posição ereta. Ao nos sentar ou deitar, devemos estar conscientes de nosso corpo – do corpo inteiro. Ao caminhar, devemos sentir o modo como cada parte do pé toca o chão, o modo como transferimos o peso a cada movimento, o modo como nosso corpo responde a cada passo e a cada respiração. O objetivo, Buda diz, é se tornar alguém "que age com total consciência quando está andando, de pé, sentado, pegando no sono, acordando, falando ou em silêncio".[6] A consciência que cultivamos na meditação começa a se manifestar no cotidiano, no mundo real. Em outras palavras, a atenção plena começa a permear nossa vida – em casa, no trabalho, em todo lugar.

A consciência plena também torna possível o restante do Caminho Óctuplo de Buda. Começamos a praticar a fala correta porque temos consciência de como nossas palavras afetam os outros. Começamos a praticar a ação correta porque temos consciência das consequências do que fazemos. E por aí vai. A atenção plena é a chave para o restante do caminho. Muitas coisas boas fluem dela. Como Buda ensinou: "Fale ou aja com a mente em paz e a felicidade o acompanhará, como uma sombra que nunca vai embora".[7]

Então se comprometa agora mesmo com a meditação diária. O mais importante é criar o hábito de meditar todo dia. Assim que estiver confortável com uma sessão de cinco minutos, recomendo aumentá-la para dez. Mesmo nos dias mais ocupados, você provavelmente consegue acordar dez minutos mais cedo ou ir para a cama dez minutos mais tarde. (O americano médio passa mais de oito minutos por dia no banho,[8] então, na pior das hipóteses, você pode pegar um tempinho emprestado daí.)

Depois, se você conseguir aumentar esse tempo para vinte minutos, será maravilhoso. É como eu faço na maior parte dos dias. Acho que vinte minutos é tempo o bastante para desenvolver uma prática meditativa sólida. Se vinte minutos forem mais do que você consegue, então fique nos dez. Talvez você possa fazer uma sessão de vinte minutos nos fins de semana ou em um dia de folga.

Dez minutos por dia são o bastante? Alguns diriam que não existe isso de "o bastante". Dalai-Lama medita inúmeras horas por dia e tem feito isso a vida toda.[9] Muitas outras pessoas menos famosas que meditam há muito tempo o fazem por períodos mais longos. Mas a maioria de nós acharia isso muito desafiador, e é possível ver benefícios reais com sessões *muito* mais curtas. Como com a atividade física, qualquer coisa ajuda. (Falaremos mais a respeito em breve!) É muito melhor arranjar *algum* tempo para meditar diariamente do que fazer grandes planos de longas meditações que nunca chegam a ser colocados em prática.

Não posso prometer nenhuma mágica depois de apenas sete dias. Para ser sincero, nunca entendi muito bem por que Buda disse aquilo. Porque não é fácil trazer a atenção plena para a vida diária. É necessário bastante prática. Mas a questão é que é possível. Essa é a verdadeira lição da história de vida de Buda. Trata-se do registro da jornada de uma pessoa que conseguiu seguir esse caminho. Buda foi capaz de desenvolver sua atenção plena de modo a despertar. Ele chegou à iluminação. E, se Buda conseguiu fazer isso, também podemos conseguir.

CAPÍTULO 7

O problema com os especialistas

SE VOCÊ NÃO TEM O HÁBITO DE MEDITAR, OS EXERCÍCIOS DO ÚLTIMO capítulo provavelmente parecerão pouco naturais e desconfortáveis a princípio. Em geral nos sentimos estranhos ao fazer algo – qualquer coisa – pela primeira vez. Nos preocupamos em estar fazendo tudo errado. Temos vergonha de nossa ignorância. Talvez, nesse caso, ao ficar sentado sozinho em um cômodo, com as pernas cruzadas de um jeito incomum e as mãos sobre os joelhos, você se sinta um pouco ridículo.

Mas Buda diria que tudo bem.

Passamos grande parte da nossa vida tentando ser especialistas – principalmente no trabalho. Gostamos de nos sentir competentes e capazes. Queremos ser respeitados pelos colegas e elogiados pelos superiores. Não gostamos de cometer erros. Mas há um grande perigo em toda essa aparente *expertise*.

No Japão medieval, o grande mestre zen Eihei Dogen tinha uma visão diferente do que é ser um principiante. Sua preocupação era que aquilo que pensamos como experiência e *expertise* muitas vezes nos leva à desatenção e à falta de cuidado. O mestre Dogen via certo poder na sensação desconfortável de quando estamos começando e não temos ideia do que estamos fazemos. Ele dava o nome de "mentalidade do principiante" a esse estado mental ansioso e vazio. Chegou ao ponto de dizer que ficar sentado meditando com a mentalidade do principiante é ficar sentado como um verdadeiro Buda – e apontava para o perigo de se perder essa mentalidade do principiante conforme se continua a praticar a meditação.[1]

Essa não é uma ideia que se restringe ao budismo. A maior parte das religiões parece ter um conceito similar, certa noção de "sabedoria básica" inerente a todos nós.[2] Mas ela parece ter encontrado sua expressão mais completa e explícita na escola do zen-budismo que o mestre Dogen levou ao Japão. Centenas de anos depois, o mestre zen moderno Shunryu Suzuki expandiu e popularizou a ideia de Dogen em uma famosa série de palestras que fez para seus alunos na Califórnia. "O objetivo da prática", Suzuki disse a eles, "é sempre manter a mentalidade de principiante."[3] Basicamente, ele defendia que nunca deveríamos nos tornar especialistas! O mestre explicou esse estranho conselho da seguinte maneira: isso não significa manter a mente fechada, e sim vazia e pronta. Se sua mente está vazia, sempre está pronta para o que vier; está aberta a tudo. Com a mentalidade do principiante, há muitas possibilidades; na mente do especialista, há poucas.[4]

O momento mais óbvio em que a mentalidade do principiante surge no ambiente de trabalho é quando assumimos uma nova tarefa ou simplesmente mudamos de cargo. De repente, já não nos sentimos tão competentes. Não temos muita certeza do que devemos fazer. É quase garantido que faremos algo errado. Ficamos cheios de dedos, certos de que todo mundo sabe da nossa ignorância. Nos sentimos como o aluno novo na escola, que não sabe aonde ir na hora do recreio.

Mas podemos usar essa energia nervosa, esse estado de alerta, a nosso favor. Só porque estamos desconfortáveis com uma situação nova não precisamos ficar desconfortáveis em relação ao desconforto em si. Todo mundo com quem você trabalha teve seu primeiro dia. Ninguém nasceu especialista em nada, e a maior parte das pessoas à sua volta provavelmente sabe menos do que pensa. O verdadeiro oposto da sabedoria não é a ignorância, e sim a arrogância. A ignorância é um estado plenamente respeitável. A ignorância é a origem do conhecimento posterior. É na arrogância que reside o perigo. O mais incrível em ser um principiante é que você sabe o que não sabe. O especialista muitas vezes se esqueceu.

E é ainda mais importante cultivar a mentalidade do principiante quando você não está começando algo novo. Quando já fazemos a mesma coisa há um longo tempo, o trabalho pode se tornar uma rotina mecânica. Sentimos que estamos só cumprindo nosso horário, seguindo o fluxo. Podemos nos tornar um daqueles especialistas arrogantes que olham céticos para os novatos. É assim que o descuido se esgueira, nascido do tédio ou da presunção. E é nesses momentos que devemos fazer um esforço a mais para recuperar a mentalidade do principiante.

Um modo de tentar quebrar a monotonia é simplesmente respirar – e um capítulo inteiro a respeito vem a seguir. Outro modo é mudar de tarefa. Muitos de nós têm diferentes tipos de tarefa a cumprir durante o dia, a semana ou mesmo o ano. Uma maneira de cultivar a mentalidade do principiante é alternar entre eles com mais frequência, de modo a se dar a oportunidade de fazer coisas diferentes com mais frequência também.

Por outro lado, às vezes, para voltar à mentalidade de principiante, basta uma mudança de cenário. Quando não consigo resolver um problema ou me sinto desmotivado, às vezes levo o *laptop* para outra parte do prédio e trabalho lá. (Isso ainda tem o benefício de fazer com que fique mais difícil me acharem, de modo que é menos provável que eu seja incomodado.) Algumas empresas levaram isso ao extremo e eliminaram os postos de trabalho demarcados. Como acontece com tudo, a chave é o equilíbrio. Às vezes ajuda estar em um ambiente familiar, com tudo disposto da maneira como você gosta. (Minha mesa sempre está bagunçada, mas sei exatamente onde tudo está e consigo encontrar seja o que for rapidamente.) Mas, quando um trabalho começar a parecer sem graça, você pode mudar de posição só para dar uma animada.

A mentalidade do principiante não é a mesma coisa que a síndrome do impostor, tipicamente definida como "se sentir incompetente e como se estivesse enganando os outros quanto às suas habilidades".[5] Esta última é uma sensação terrível. Observada primeiro entre universitárias, inicialmente se imaginou que afetasse em especial as mulheres. Algo em se sentir deslocado parece trazer consigo o medo de estar de fato fora de seu lugar e logo ser exposto como um impostor. Mas essa síndrome também é muito comum entre os homens. Muitos de nós sentem que a qualquer momento nossos colegas vão perceber que somos fraudes, que na verdade não temos ideia do que estamos fazendo.

A coisa mais importante para lembrar ao começar a sentir isso é que é extremamente comum. Quase todo mundo que conheço no trabalho às vezes sofre de síndrome do impostor – inclusive eu. Você não está sozinho. Muitos, se não a maioria de seus colegas, têm as mesmas dúvidas que você. No entanto, você chegou aonde está como resultado de suas ações passadas – o que Buda chamava de carma. A sorte também pode ter desempenhado seu papel, mas a mesma coisa ocorreu com todo mundo. Você merece estar onde está tanto quanto qualquer outra pessoa.*

A mentalidade do principiante também pode ajudar você a combater a síndrome do impostor. Em vez de tentar esconder de maneira desesperada nossa suposta incompetência, cultivamos ativamente uma abertura a aprender e descobrir. Em vez de temer admitir que há algo que não sabemos, nos mostramos dispostos a encontrar os limites de nosso conhecimento. Essa é a melhor maneira de aprender e de ajudar aqueles à nossa volta a aprender também. Quando reconhecemos nossos limites desde o princípio, não precisamos viver com medo de ser desmascarados depois.

Podemos aplicar a mentalidade do principiante a qualquer campo. Albert J. Stunkard, pesquisador da área da biomedicina na Universidade da Pensilvânia, estudou com Shunryu Suzuki e tentou aplicar a mentalidade do principiante à sua longa carreira como pioneiro na pesquisa de distúrbios alimentares. Ele descreveu a aplicação da mentalidade do principiante em sua pesquisa como "receber cada momento que surge como um momento de descoberta e se entregar totalmente a ele".[6] Do outro lado do país, na Califórnia, um arquiteto de *software*, Arlo Belshee, aplicou os mesmos princípios na elaboração de códigos. Ao dividir o trabalho em um projeto importante, ele descobriu que "o indivíduo perfeito para uma tarefa é aquele que tem a menor habilidade nela", porque "ele experimenta mais abordagens e rapidamente", de modo que "tem

* Na verdade, as únicas pessoas que parecem não ter esses medos são aquelas tão absorvidas por si mesmas que nem conseguem se imaginar como qualquer outra coisa que não bem-sucedidas – exatamente as que poderiam tirar proveito de uma dose de dúvida em relação a si mesmas.

maior propensão a ser bem-sucedido nela do que aquele que pensa que a compreende".[7] Em outras palavras, a pessoa com menos habilidades é capaz de aplicar melhor a mentalidade do principiante ao trabalho.

A observação de Belshee aponta para outra abordagem relacionada a voltar à mentalidade do principiante: trabalhar com gente nova. Se você é um especialista no que faz, experimente se juntar a alguém que está apenas começando. Você vai aprender bastante explicando o trabalho para essa pessoa e vendo tudo pela primeira vez por meio dos olhos dela. Talvez você já tenha passado pela experiência de mostrar sua região a alguém de fora e, de repente, vê-la de um jeito totalmente novo. Adoro mostrar o escritório a quem quer que seja por motivos similares – começo a notar todas as coisinhas de que gosto no prédio e que normalmente consideraria dadas. Quando estou montando uma nova equipe técnica, gosto de incluir pessoas que acabaram de se formar, porque sei que vão fazer perguntas e nos forçar a pensar mais na abordagem certa, em vez de simplesmente repetir o que funcionou da última vez.

Se você é um novato, pode fazer o oposto e começar a colaborar com alguém mais experiente. Vai aprender assim, mas também vai ensinar.

Um último modo de se renovar é se forçar a ser um principiante fora do ambiente de trabalho. Você pode começar um novo *hobby* ou aprender algo desafiador. Por exemplo, Sheryl Fontaine, professora de inglês muito bem-sucedida, falou sobre como recuperou a mentalidade do principiante praticando arte marcial à noite: "Deixei de lado minha identidade como professora em tempo integral e autora", ela explicou, "e comecei a fazer caratê".[8] Embora haja pouca ligação entre artes marciais e inglês, ela descobriu que "sem a monotonia das situações já conhecidas" obteve uma nova perspectiva e uma autoconsciência que pôde, então, levar para o trabalho.

Nada disso equivale a dizer que a experiência não conta, porque ela conta. Sou muito melhor em muitas coisas do que era dez ou vinte anos atrás e aprendi bastante com pessoas que trabalhavam em seus campos havia muito tempo. Cito muitos especialistas neste livro porque respeito a sabedoria que reuniram ao longo da carreira. Mas ainda aprendo muito com novatos também, e não só porque posso ter esquecido o básico ao longo dos anos. Mark e Barbara Stefik, pesquisadores do Vale do Silício, entrevistaram dezenas de inventores e *designers* e chegaram a uma conclusão similar à de Belshee: estudantes e outros novatos em um ramo são capazes de resolver os problemas mais difíceis porque não sabem que esses problemas são supostamente difíceis e estão dispostos a tentar "ideias pouco convencionais que um especialista poderia dizer que são tolas ou ilógicas".[9] Por isso muitas vezes é melhor ter o grupo mais diverso que puder formar em sua equipe. Podemos aprender tanto com especialistas como com principiantes, e o ideal seria que nós mesmos nos mantivéssemos tanto especialistas como principiantes.

Todos agimos como aqueles especialistas de mente fechada de vez em quando e todos nós podemos nos beneficiar de um pouco mais da mentalidade do principiante. Isso é tão verdade em casa como no trabalho. E é verdade em todas as áreas da vida. Pais podem aprender com os filhos, professores com os alunos e (talvez mais ainda) chefes com funcionários. Santideva, grande professor budista indiano, sabia disso desde o século VIII, quando escreveu: "Deve-se ser o pupilo de todos o tempo todo".[10]

O mestre Dogen foi um pouco mais grandioso em suas palavras. "A prática sincera de um iniciante no Caminho corresponde exatamente à totalidade da iluminação original", ele disse. Em termos mais simples, o caminho para o despertar é abordar sua vida inteira com a mentalidade do principiante. Despertar não significa saber tudo. Está muito mais perto de não saber nada.

CAPÍTULO 8

Trabalhar sem trabalhar

COMO DISCUTIMOS NO ÚLTIMO CAPÍTULO, UM RISCO DE SER FOCADO demais é perder a mentalidade do principiante. No entanto, em geral pensamos que o melhor modo – e talvez o único – de progredir profissionalmente é trabalhar cada vez mais. Há inúmeras histórias sobre pessoas que trabalham cada vez mais horas por dia, fazendo turno dobrado ou mantendo mais de um emprego, só para avançar na carreira.

Mas e se a resposta fosse trabalhar menos?

Cerca de vinte anos atrás, pesquisadores da Universidade de Connecticut, nos Estados Unidos, conduziram um experimento em duas seguradoras locais. Eles pediram aos funcionários administrativos para fazer quatro intervalos a cada hora: três de apenas trinta segundos e um de três minutos. Em outras palavras, foi pedido aos participantes que fizessem uma pausa a cada quinze minutos para pelo menos respirar um pouco, depois uma mais substanciosa. Tudo isso além dos intervalos maiores (como almoço) que já estavam incluídos na programação diária.

Esses intervalos todos diminuíram o ritmo de trabalho? Pelo contrário: as pessoas que fizeram as pausas ficaram mais produtivas! Os pesquisadores chamaram isso de "apoio empírico à utilidade de pausas curtas e frequentes para descanso".[1] Os trabalhadores podem ser mais produtivos quando não estão trabalhando *o tempo todo*.

É fácil ser sugado pelo culto do negócio. Não nos sentimos produtivos – não nos sentimos úteis – a menos que estejamos *fazendo* alguma coisa, e de preferência mais de uma. *Queremos* ficar ocupados. Ficamos ligeiramente constrangidos quando não *parecemos* estar. Mesmo quando não estamos no trabalho, precisamos estar realizando *algo*. Estabelecemos metas para nossa rotina diária de exercícios, para nossos *hobbies* e até mesmo para a prática meditativa. Quando amigos nos perguntam o que andamos fazendo, muitas vezes respondemos, orgulhosos: "Me mantendo ocupado".

Como discutiremos em um capítulo mais para frente, objetivos não são necessariamente ruins por si só. Mas também há valor real em descansar um pouco de vez em quando. Alguns modos de pensar exigem não só um esforço consciente mas também períodos de "incubação" inconsciente. Muitas descobertas históricas aconteceram enquanto famosos "pensadores" não estavam de fato pensando, e até mesmo empreendimentos criativos parecem se beneficiar de períodos de descanso.* Em termos mais técnicos: "Descobertas criativas resultam de um processo pelo qual o pensamento consciente inicial é seguido por um período durante o qual a pessoa se abstém do pensamento consciente relacionado a tarefas".[2]

Fazer um intervalo no trabalho não é sinal de preguiça – é essencial. Não é só a nossa criatividade que precisa de tempo para tomar forma. O corpo e a mente simplesmente não foram feitos para trabalhar sem

* Paul McCartney diz ter escrito a melodia de "Yesterday" em um sonho.

parar. Precisamos de tempo para nos recuperar, não podemos fazer isso sem uma folga. Estudos após estudos demonstraram que fazer intervalos não reduz a produtividade e, muitas vezes, até aumenta.[3] Um estudo com atendentes de *telemarketing* na Coreia do Sul descobriu que aqueles que faziam pausas relaxantes ou socializavam durante o dia eram mais bem-sucedidos em suas vendas.[4] Um estudo com operários de uma linha de montagem na Europa revelou que "pausas curtas e frequentes" melhoravam os níveis de atenção ao longo do dia – e já falamos da importância de prestar atenção![5] Até ficar à toa na internet, comportamento reconhecido como a maior perda de tempo nos escritórios, pode ter benefícios. Ao contrário da crença popular, um estudo recente descobriu que aquilo que os pesquisadores chamaram de "navegação na internet por lazer no local de trabalho" na verdade é "uma leve interrupção que permite restaurar a capacidade mental e promove sentimentos de autonomia".[6] Então vá em frente e dê uma olhada em seu Facebook.

Pode parecer óbvio, mas trabalhar em outra coisa não conta como intervalo. Pesquisas mostram que intervalos só são efetivos se você realmente para de trabalhar. (Quem teria pensado nisso?) Como a pesquisa aponta: "Funcionários que realizaram outros trabalhos, como se preparar para a próxima reunião, durante os intervalos experimentaram mais emoções negativas depois".[7] Se você estiver preenchendo um relatório de gastos ou uma planilha de horários, varrendo o chão ou lavando os pratos, não está fazendo um intervalo, só está mudando de tarefa. Isso não é ruim, mas lembre-se: "É precisamente a ausência de demandas relacionadas a trabalho que permite que o processo de recuperação do trabalho ocorra".

A chave para um intervalo bem-sucedido é o desapego. Talvez por esse motivo usar o celular no intervalo pareça ser contraprodutivo. Uma pesquisa com 450 funcionários de escritório descobriu que aqueles que ficavam no celular durante os intervalos relataram, de modo significativo, mais "exaustão emocional" e não pareciam colher os mesmos benefícios de recuperação que os outros ao voltar ao trabalho.[8] Por que ficar no celular seria ruim se ficar à toa na internet é bom? Talvez isso tenha a ver com as atividades que estamos substituindo. Quando você está sentado à mesa do trabalho, um pouco de navegação à toa pode ser uma folga bem-vinda de tarefas ligadas ao trabalho. Mas, se você está fazendo um intervalo, o celular pode te levar de volta às mensagens e aos *e-mails* à sua espera.

Além de se dar tempo para descansar, também é importante se dar tempo para pensar. Quando eu trabalhava como engenheiro de *software*, tinha um chefe que ficava bravo sempre que nos via sentados à mesa sem digitar. Tentei explicar a ele uma vez que também precisávamos de tempo para pensar – para resolver problemas complicados no código ou projetar o *software* em si. "Faça isso no carro a caminho de casa", ele respondeu. "Nada de pensar no trabalho." Esse é um péssimo conselho. Tive outro chefe naquela época que passava *uma semana inteira* por ano fora do escritório só pensando. Adivinhe qual dos dois teve mais sucesso.

Se seu trabalho não foi automatizado, provavelmente é porque exige pensar a respeito. Confie em mim. Reserve um tempo todos os dias para pensar.

É lógico que não precisamos de intervalos apenas durante o horário de trabalho. Também precisamos deles depois. Há muitos motivos para isso, incluindo o fato de que há outras coisas na vida além de trabalho – ou deveria haver! (Teremos um capítulo sobre encontrar o equilíbrio em breve.) Mas mesmo da perspectiva reduzida do desempenho no trabalho, passar horas sem fim no escritório pode ser contraprodutivo. Um estudo de longa duração no Reino Unido descobriu que "uma jornada de trabalho longa pode ter efeito negativo no desempenho cognitivo".[9] Pessoas que trabalhavam mais de 55 horas por semana tinham pontuação mais baixa em um teste cognitivo do que aquelas que trabalhavam quarenta horas. Além disso, "uma jornada de trabalho longa indicou um declínio de desempenho no teste de raciocínio durante os cinco anos de acompanhamento", o que sugere que pessoas que trabalhavam mais também sofriam maios deterioração com o tempo.

É evidente que a ideia de trabalhar menos deliberadamente vai contra a cultura de muitas corporações. Pesquisadores, ao analisar uma empresa de consultoria de nível global, descobriram que funcionários que *pareciam* trabalhar mais horas por dia eram tachados como mais bem-sucedidos e ficavam mais propensos a ser recompensados e promovidos – ainda que só fingissem abraçar a cultura de trabalho excessivo da empresa.[10] Os gestores pareceram incapazes de distinguir aqueles que de fato trabalhavam bastante dos que não trabalhavam, a menos que os últimos revelassem que trabalhavam menos horas. Desde que você não se gabe dos seus intervalos ou de sua jornada de trabalho mais sadia, seu chefe talvez nem note.

Conheci um gestor que criou a regra de nunca dizer "Estou ocupado", porque não queria que sua equipe pensasse que se manter ocupado fosse o objetivo. Se você for um gestor, tente dar o exemplo fazendo intervalos de verdade, tanto ao longo da jornada de trabalho quanto depois. Tento não mandar mensagem para as pessoas depois do horário de trabalho, ainda que eu mesmo esteja trabalhando, de modo que minha equipe e meus colegas saibam que não há problema em se desconectar.

Permita-se fazer isso também. Um chefe não iluminado pode se irritar de vez em quando se você não responder a qualquer horário, mas a longo prazo seu trabalho só vai melhorar devido ao tempo a mais que você tem para descansar.

O grande mestre zen vietnamita Thich Nhat Hanh ilustra o poder do não trabalhar com a metáfora do copo com água enlameada.[11] Não importa quanto você o chacoalhe, a água nunca ficará cristalina. Na verdade, quanto mais você o movimentar mais turva ficará a água, porque a lama se agitará também. Mas se você só deixar o copo repousar, se não fizer *nada* com ele, a lama vai decantar gradualmente, e a água ficará mais limpa. Da imobilidade, vem a clareza.

Ou, como o futurista e historiador Alex Pang escreveu: "Descanso não é ócio. É a chave para uma vida melhor".[12]

CAPÍTULO 9

Buda no ônibus

NOS ANOS 1950, UM MÉDICO DO CONSELHO DE PESQUISA MÉDICA DA Inglaterra notou algo interessante nos funcionários do sistema de transporte londrino. Olhando para os registros de saúde de 31 mil empregados dos icônicos ônibus de dois andares, ele descobriu que os motoristas tinham taxa muito mais alta de doença cardíaca do que os cobradores que faziam os mesmos turnos.[1] Na maioria dos outros aspectos, incluindo idade, gênero e estilo de vida, os dois grupos eram bastante similares. Mas os motoristas passavam o dia inteiro sentados, enquanto os cobradores passavam o dia de pé – o que fazia toda a diferença.

Tendemos a pensar em Buda como uma alma sedentária, sentado sozinho, contemplando o universo. E ele se sentava para meditar, é evidente, como já discutimos. Mas a verdade é que Buda passava *muito* de seu tempo de pé. Ele perambulou por inúmeros reinos espalhando seus ensinamentos, de modo que estava quase o tempo todo em movimento. Aliás, as regras que acabou criando para monges e monjas proibiam com rigor que seus seguidores passassem tempo demais em um só lugar. Você talvez imagine que o papel mais apropriado para Buda em um ônibus seria o de motorista, conduzindo a todos, mas na verdade ele levou a vida mais como um cobrador, indo de um lado a outro do corredor, incansavelmente abordando cada passageiro a bordo.

Houve um tempo em que o trabalho sempre implicava atividade física, fosse em uma fábrica, em um fazenda ou em um estabelecimento comercial. Mas muitos de nós hoje passam o dia todo sentados, um pouco como a imagem que se costuma ter de Buda, só que a uma mesa, e não no topo de uma montanha. Segundo uma estimativa recente, os trabalhadores hoje passam 62% de sua jornada de trabalho sentados.[2] Nos tornamos uma nação de motoristas, e nossa saúde deficiente prova isso.

Você provavelmente não precisa que eu te diga que a atividade física faz bem, mas os efeitos negativos de uma vida e de um trabalho sedentários podem ir além do coração. Até onde sabemos, a inatividade física "contribui com pelo menos 35 condições pouco saudáveis, incluindo a maioria das dez maiores causas de morte nos Estados Unidos".[3] No que diz respeito ao impacto global na expectativa de vida e de morte por doença não transmissível, os riscos de saúde da inatividade física parecem grosseiramente comparáveis aos riscos causados pela obesidade e pelo tabagismo![4]

Há bons indícios, ainda, de que a atividade física não é benéfica apenas à sua saúde física. Exercícios regulares também fazem maravilhas para a saúde mental, reduzindo o estresse e a depressão,[5] e parecem melhorar nossa mentalidade no trabalho.[6] A atividade física melhora até o nosso raciocínio. Uma única sessão de exercícios aumenta nossa cognição de modo notável, independentemente de idade.[7] E não é preciso ser uma aula puxada de *crossfit*. Uma série de experimentos da Universidade Stanford descobriu que só andar já "dá início ao livre fluxo de ideias [...] aumentando a criatividade e a atividade física" ao mesmo tempo.[8] (Tento dar uma caminhada durante o trabalho sempre que posso.) Pesquisadores de Stanford descobriram que caminhar na rua é melhor, mas que mesmo fazer esteira ajudava a estimular a criatividade.

Esses efeitos positivos na nossa mente podem ser parte do motivo pelo qual a atividade física parece melhorar nossa produtividade no trabalho também. Um estudo com centenas de funcionários de hospital em Seattle, Minneapolis e Denver descobriu que mesmo exercícios moderados aumentam significativamente o desempenho no trabalho.[9] Um estudo similar com 201 adultos no sudoeste da Inglaterra descobriu que o "exercício melhorou o humor e o desempenho, levando a maior concentração, à criação de relacionamentos baseados no trabalho e ao aumento da resiliência ao estresse".[10]

Se sabemos que atividade física faz bem tanto para a saúde quanto para a produtividade, então ficar sentado é ruim? A resposta parece ser um pouco mais complicada. Empregos que exigem passar bastante tempo sentado costumam pagar melhor que empregos que exigem movimentação. Dê uma olhada em qualquer prédio de escritórios e provavelmente verá executivos bem remunerados e gestores de nível médio sentados em reuniões e funcionários da limpeza e seguranças, que recebem salário mínimo, de pé. Como os funcionários com maiores salários podem pagar por uma assistência à saúde melhor, isso talvez mascare os efeitos prejudiciais à saúde de se passar tanto tempo sentado.[11]

Dito isso, uma pesquisa com mais de 200 mil adultos na Austrália descobriu que "pessoas que passam mais tempo sentadas e não fazem atividade física semanal" têm "taxa de mortalidade precoce mais alta" – o que significa que morrem antes que seus vizinhos menos sedentários.[12] Na verdade, esse estudo estima que "ficar sentado foi responsável por

6,9% das mortes" entre os adultos com mais de 45 anos. Cerca de 25% desses adultos ficavam sentados por pelo menos oito horas por dia.

Sabendo como é importante se manter em movimento, se Buda trabalhasse em escritório usaria uma mesa alta ou com esteira? Há alguns indícios de benefícios para a saúde em ambas as opções, mas continuo cético. A Mayo Clinic, em Minnesota, descobriu que voluntários que trabalharam em mesas com esteiras faziam mais atividade física do que pessoas em estações de trabalho normais e que houve certo aumento no desempenho deles.[13] Mas isso só depois de uma *queda* no desempenho, presumivelmente porque é difícil andar e trabalhar ao mesmo tempo. Pesquisas anteriores com a mesma equipe apontaram apenas impactos "muito pequenos" na saúde dos funcionários com o uso da esteira e nenhum aumento no desempenho como avaliado pelos supervisores, de novo depois de uma queda inicial.[14] Uma extensa pesquisa envolvendo 23 estudos sobre mesas altas ou com esteira revelou que a digitação e o uso do *mouse* se tornaram mais lentos com as esteiras, resultando em redução da produtividade.[15]

Como discutiremos depois, Buda não era grande fã da ideia de ser multitarefas. Um dia de pé ou fazendo esteira diante da mesa de trabalho pode ser melhor que um dia inteiro sentado, mas um dia alternando a posição sentada com caminhadas ocasionais ou outra atividade física seria ainda melhor. Isso pode soar como um luxo inimaginável, mas, muitas vezes, caminhadas podem ser incorporadas à sua jornada de trabalho com um pouco de planejamento. Tive um emprego que envolvia muitas reuniões individuais com colegas e convenci quase todos de que deveríamos fazer isso dando uma volta no prédio. Em dias com muitas reuniões, eu fazia mais de quinze quilômetros de caminhada! Em outro emprego, ficávamos em um espaço bastante apertado, e não havia como caminhar por ali, mas acabei descobrindo que um andar do prédio estava vazio, de modo que ia para lá com meus colegas e dava longas voltas pelos corredores vazios. Outras vezes, fiz reuniões enquanto caminhava pelo estacionamento. A maior parte das pessoas considera andar e falar mais natural que escrever em uma esteira ou trabalhar andando. Certamente sou uma delas.

Parece haver uma boa sinergia entre a atenção plena e o exercício. Quando pesquisadores da Universidade de Louisville entrevistaram membros da ACM local, descobriram que aqueles com atenção plena mais forte tinham mais facilidade de manter um regime de exercícios.[16] Eles concluíram que algo na "consciência sem julgamentos, focada no presente", desenvolvida por meio do treinamento em atenção plena ajudava a prevenir as recaídas tão comuns na prática de atividade física, quando nossas boas intenções se esvaem depois de algumas semanas (ou menos!). Pesquisadores tentando usar a atenção plena para ajudar pessoas de dieta notaram a mesma coisa: mulheres que foram a palestras sobre atenção plena acabaram se exercitando cerca de três vezes mais por semana seis meses depois.[17] Parece que praticar a atenção plena nos encoraja a nos manter ativos – talvez por desenvolver uma consciência maior do nosso corpo e de suas necessidades. Quando pesquisadores em Eugene, no Oregon, tentaram recrutar voluntários para comparar pessoas que praticavam meditação que se exercitavam e que não se exercitavam, não conseguiram encontrar *nenhuma* sedentária![18] Como os pesquisadores explicaram: "Todos os praticantes de meditação relataram fazer exercício moderado de algum tipo com regularidade".

A atividade física parece melhorar a atenção plena, assim como a atenção plena parece fazer com que nos exercitemos mais. Um estudo na Finlândia revelou que "adultos fisicamente ativos têm mais habilidades de atenção plena em comparação com adultos menos ativos".[19] E, como discutimos no capítulo 5, a atenção plena tem seus próprios benefícios para a saúde, similares ou complementares aos da atividade física. Isso talvez ajude a explicar por que os monges zen japoneses, que passam horas incontáveis sentados e imóveis, como o mais dedicado funcionário de escritório não conseguiria fazer, parecem ter, apesar disso, uma saúde geral melhor do que a média.[20]

Encontrar uma maneira de fazer uma pausa para se exercitar durante a jornada de trabalho tem múltiplos benefícios, que vão além da questão puramente física. Em primeiro lugar, cria um intervalo natural no dia – e acabamos de discutir a importância de fazer pausas no trabalho. Em segundo lugar, interromper longos períodos de sedentarismo mesmo que com exercícios leves parece abrandar o impacto de permanecer muito tempo sentado.[21] Em terceiro lugar, conseguir encontrar uma maneira de se exercitar com seus colegas parece ter seus próprios benefícios. Quando três hospitais na Dinamarca instituíram um programa de exercícios no ambiente de trabalho, descobriram que aqueles que se exercitavam com colegas tinham mais energia e sentiam menos dor depois do trabalho.[22]

Quanto você deve se exercitar? A resposta será diferente para cada um de nós. Há o risco de esforço excessivo, de fazer exercício demais, tanto quanto de fazer exercício de menos. O conselho de Buda foi o de evitar os extremos. Como um estudo internacional recente concluiu: "A atividade física moderada parece ser a ideal" caso o objetivo seja melhorar a saúde e a longevidade.[23] Treinos frequentes de alta intensidade podem ser contraprodutivos – mas não deixe que isso se torne uma desculpa para levar uma vida totalmente sedentária. Como o sábio budista indiano Santideva alertou: "Quanto mais protegido é o corpo, mais frágil ele se torna e mais se degenera".[24] Forçar-se um pouco é algo bom.

Para a maioria de nós, as pesquisas sugerem que algo como "uma caminhada acelerada e breve, por lazer, algumas vezes por semana seria o adequado".[25] E qualquer atividade física parece ajudar! Um estudo no Canadá revelou que funcionários que iam de bicicleta para o trabalho sofriam muito menos estresse que aqueles que iam de carro.[26]

Minha rotina inclui correr um quilômetro e meio assim que eu acordo. Não corro particularmente rápido, então levo pouco mais de dez minutos, incluindo um pouco de aquecimento antes. Estabeleci um roteiro com essa extensão pelo bairro, de modo que acordo, me troco e o cumpro rapidinho antes de tomar uma xícara de chá – ou ler meus *e-mails*. Não é muito, mas noto a diferença na minha saúde mental e física.

Buda reservava tempo todos os dias para a atividade física, e você deveria fazer a mesma coisa. É essencial cuidar do corpo humano. Nossa forma física é preciosa. O monge Satideva também escreveu: "O corpo é como um objeto emprestado".[27] Tudo o que fazemos nesta vida – trabalhar, brincar, amar e até meditar – é feito com o corpo. E o melhor jeito de cuidar dele é levar a vida como os cobradores de ônibus londrinos e como o próprio Buda. É preciso se manter em movimento.

A atividade física é essencial para a saúde física, a saúde mental e a produtividade no trabalho. Encontre uma maneira de se exercitar que funcione para você. Assuma um compromisso e mantenha a regularidade. Faça algo ativo no trabalho todos os dias, mesmo que seja só dar uma andada pelo escritório ou dar a volta no quarteirão. Seu corpo vai agradecer, sua mente vai agradecer e seu chefe vai acabar agradecendo também.

CAPÍTULO 10

Dormir para despertar

BUDA VIVEU ANTES DOS CELULARES, DOS COMPUTADORES, DA TELEVISÃO, do rádio e da luz elétrica – e até mesmo antes dos livros e das revistas. Qualquer coisa que se quisesse fazer depois do pôr do sol exigia uma lamparina, e alimentá-la era caro. Parece seguro presumir que a vida à noite era bem chata. Havia pouco a fazer entre o pôr e o nascer do sol além de dormir.

Talvez por isso Buda se preocupasse muito mais com dormir *demais* do que com dormir *de menos*. Em uma lição a leigos, encontramos este verso:

Dormir tarde, cometer adultério,
Comprar briga, fazer o mal,
Prejudicar os amigos e ser mesquinho,
Essas seis coisas destroem um homem.[1]

Acredite ou não, essa não era a pior parte. Por outro discurso, Buda continuou proferindo julgamentos, reclamando do "simplório lento e glutão, que dorme e rola por aí como um porco engordado com grãos".[2] Ui!

Hoje, as coisas são bastante diferentes. Com tantas distrações à mão, foi a falta de sono – não o excesso – que se tornou epidêmica. Em seu livro *The Sleep Revolution*, a autora best-seller Arianna Huffington descreve seu próprio colapso por causa de falta de sono crônica, que deixou seu corpo e sua mente tão arrasados que ela se lembra de desmaiar e bater a cabeça, então "recuperar a consciência em meio a uma poça de sangue".[3] Para a maior parte de nós, o proverbial despertar pode não ser tão dramático, mas provavelmente muitos vão se identificar com a história de Huffington, que sobrevivia com três ou quatro horas de sono por noite e doses de cafeína quase constantes. Cerca de 6% da população dos Estados Unidos relata dormir menos que cinco horas em uma noite típica de semana, e cerca de 40% relatam dormir menos de seis horas. Períodos assim curtos de sono têm sido associados a tudo, obesidade, diabetes, risco aumentado de doença cardíaca, morte por câncer e até suicídio.[4] Mesmo se evitarmos as armadilhas mais extremas, a falta de sono ainda pode nos levar ao sobrepeso e à infelicidade.*

Toda essa falta de sono cobra seu preço real no ambiente de trabalho também. Podemos pensar que estamos sendo heróis lendo mais uma hora de *e-mails* e relatórios quando deveríamos estar na cama, mas o contrário é muito mais provável. Uma pesquisa com estudos recentes sobre insônia revelou que ela é "consistentemente associada a excesso de absenteísmo" no trabalho, assim como a riscos mais altos de acidentes e redução da produtividade. Em vez de nos transformar nos queridinhos do escritório, a falta de sono "inibe o avanço na carreira" e "diminui a

* *Dieta de Buda*, meu primeiro livro (escrito com Tara Cottrell), tem um capítulo inteiro sobre como as noites sem dormir nos fazem engordar.

satisfação com o trabalho".[5] Um estudo descobriu que o trabalhador americano médio perde o equivalente a 7,8 dias de produtividade a cada ano devido à falta de sono, o que representa um custo aos empregadores de cerca de 2.280 dólares por empregado.[6] Outro estudo estipulou as perdas de produtividade "relacionadas à fadiga" em 3.156 dólares por empregado insone – mais que duas vezes maiores que as dos que tinham uma boa noite de sono.[7] E não são só as empresas que pagam o preço. Uma análise econômica descobriu que uma hora *a mais* de sono "aumenta os rendimentos em 1,1% a curto prazo e 5% a longo prazo", ainda que dormir mais deixe menos tempo para o trabalho.[8] É *muito* dinheiro – e nem leva em consideração quanto se economiza tomando menos café na Starbucks.

A cura para tudo isso é simples, embora não seja fácil: dormir mais. E como você consegue isso?

É preciso começar tornando dormir uma prioridade. Você deveria se preocupar tanto em não "se atrasar" para dormir quanto em não se atrasar para o trabalho – talvez até mais, uma vez que uma noite mais curta de sono vai atrapalhar o trabalho no dia seguinte. Decida a que horas precisa acordar e conte oito horas antes disso. Vai ser o *mais tarde* que você pode ir para a cama, uma vez que já deveria estar dormindo nesse horário.

Crie um ritual para a hora de dormir. Algumas pessoas gostam de ler, idealmente livros, revistas ou jornais físicos (mais a respeito a seguir). Outras preferem escrever no diário ou tomar uma xícara de chá sem cafeína. Manter-se longe do álcool ajuda a dormir. Embora um drinque ou dois possam ajudar a adormecer, também diminuem a qualidade do sono[9] (e causam outros problemas). Não coma muito tarde e tente se exercitar durante o dia (como já discutimos) – ambas as coisas ajudam muito.

Há alguns pontos que não estão abertos à negociação. Talvez a coisa mais importante que você possa fazer é parar de usar o celular ou qualquer outro aparelho eletrônico à noite. Cerca de 90% dos americanos usam algum aparelho eletrônico até uma hora antes de ir para a cama.[10] Aparelhos "interativos" como celulares e *laptops* são os que causam maior perturbação no sono. *E-books* e leitores eletrônicos aparentemente inofensivos também podem ser problemáticos. Estudos demonstraram que, quando os usam, as pessoas costumam "demorar mais para pegar no sono e veem sua sonolência noturna reduzida", assim como "sua atenção na manhã seguinte" em comparação com quando leem um livro físico.[11] A própria luz desses aparelhos suprime o hormônio melatonina, perturbando o ciclo natural do sono. Não há substituto para desligar seus aparelhos muito antes da hora de ir para a cama. Confie em mim.

Você também precisa de escuridão. Simplificando, seu cérebro está programado para dormir com o escuro e acordar com a luz, e lutar contra essa tendência natural pode causar estragos no seu relógio circadiano. Uma pesquisa com estudos recentes descobriu que exposição a luzes brilhantes na hora de dormir causa todo tipo de problema no sono.[12] Comece a reduzir o nível de luz bem antes da hora de ir para a cama. Se não conseguir deixar o quarto totalmente escuro (ou dividir a cama com alguém que fica acordado até tarde), invista em uma boa máscara para dormir. Vai ficar impressionado com a diferença que faz.

Se você simplesmente não consegue dormir o bastante à noite, sonecas rápidas durante o dia são uma opção. Sonecas costumam ser associadas à preguiça, mas o estigma está começando a ser superado. Há bons indícios de que mesmo uma soneca curta pode nos tornar mais produtivos[13] e melhorar o desempenho posterior no trabalho.[14] O segredo é encontrar um lugar tranquilo e não dormir demais. A maioria das pessoas considera quinze ou trinta minutos o suficiente. A máscara de dormir que acabamos de mencionar pode ser muito útil nesses casos também.

Mesmo Buda teve que lidar com o estigma negativo da soneca. Há uma história em que um de seus monges o critica por dormir durante o dia, dizendo que *outros* professores considerariam tal comportamento como "permanecer na ilusão".[15] Isso aparentemente era um grande insulto entre os antigos mestres indianos, e Buda não o recebeu bem. Ele explicou que fazia calor e que tinha acabado de comer – e o que importava era quem tinha atingido a iluminação, não quem tirava uma soneca. (Buda tinha atingido e o outro monge não, então toma essa.)

Buda considerava o sono revigorante um dos muitos benefícios da meditação. Em uma história, ele explica: "Aquele que é pacífico dorme bem, tendo alcançado paz de espírito".[16] Em outro momento, Buda afirma que, depois da "libertação da mente" por meio da meditação, "dorme-se bem, acorda-se feliz e não se tem sonhos ruins",[17] além de muitas outras vantagens – incluindo se tornar mais agradável a outros humanos, o que parece ótimo.

A meditação moderna muitas vezes leva a isso também. Um estudo clínico revelou que pacientes seguindo um programa de seis semanas de meditação com atenção plena não apenas tiveram melhora no sono como também apresentaram menos sintomas de depressão e fadiga.[18] Outros mostraram melhora significativa "na insônia e na perturbação do sono" com tratamentos baseados em atenção plena.[19]

Meditar ou não imediatamente antes de ir para a cama só depende de você. Algumas pessoas acham que isso esvazia a cabeça e as prepara para o sono. Mas outras pessoas encerram a meditação se sentindo mais alertas e despertas. Para elas, meditar pela manhã é a melhor opção. Em monastérios budistas tradicionais se costuma meditar nesses dois momentos, com sessões organizadas assim que amanhece e uma última antes que as luzes se apaguem.

Mas e se você estiver deitado na cama, no escuro, tendo evitado dormir tarde, se afastado do álcool e da cafeína e se exercitado durante o dia e, mesmo assim, não conseguir pegar no sono? Mesmo que você não faça uma meditação formal à noite, algumas das técnicas de que falamos podem ajudar. Encontre uma posição confortável na cama e vá relaxando os músculos gradualmente, começando pelos dedos dos pés e subindo até o topo da cabeça. Depois fique apenas ouvindo sua respiração, tentando ao máximo não pensar em nada mais. Observe os pensamentos chegando e partindo, sem se deixar levar por eles. Deixe seu celular onde está, mesmo que de repente perceba que se esqueceu de mandar uma mensagem. Lembre-se de que nada é mais importante no momento do que se desapegar e dormir.

Vão ser necessários alguns testes para encontrar uma rotina que funcione para você. Não pare de tentar. Dormir é um dos melhores presentes que você pode dar a si mesmo. Você vai trabalhar melhor e vai se sentir melhor. Lembre-se: é impossível despertar sem ter ido dormir.

CAPÍTULO 11

Dizendo a verdade

MUITAS RELIGIÕES CONDENAM A MENTIRA DE ALGUMA MANEIRA. NO Antigo Testamento, não mentir é um dos Dez Mandamentos (que podem ser oito ou nove, dependendo de quem conta).* O islamismo também considera mentir um pecado grave. E o budismo não é exceção. Buda insistia para que qualquer monge que contasse uma mentira deliberada a confessasse.[1] Ele incluía mentir ao lado de matar, roubar e cometer adultério como algo a ser evitado por todos – monges, monjas ou leigos.[2]

Mas você não precisa que eu ou Buda digamos para não mentir em geral e não mentir no trabalho em particular. Já sabe disso. No entanto, muitas vezes não dizemos a verdade no trabalho, em especial em situações difíceis. Um estudo sugeriu que o adulto médio mente cerca de uma vez ao dia![3] E a tendência a mentir no trabalho pode ser ainda maior do que em outros ambientes sociais.[4] Evitamos ou nos protegemos de perguntas difíceis. Damos respostas vagas e *feedback* brando,

* Em geral são oito para os católicos e luteranos e nove para os judeus, cristãos ortodoxos, calvinistas e anglicanos. A Bíblia não os numera claramente.

em vez de falar o que realmente pensamos. Assentimos em uma falsa concordância quando nosso chefe diz alguma maluquice. Por quê?

Kim Scott, autora popular e *coach* de executivos, sugere que, em nossa carreira, é assim que fomos ensinados a "evitar conflito e constrangimento".[5] Achamos que a chave para o sucesso no trabalho é nos dar bem com todo mundo, não tumultuar, e que fazer isso significa evitar verdades duras. No entanto, Scott explica, os resultados de ser honesto costumam ser muito mais positivos do que imaginamos, mesmo quando temos que passar uma mensagem dura: "Tememos que as pessoas fiquem com raiva ou queiram se vingar, mas em vez disso elas, em geral, se mostram gratas pela chance de conversar a respeito". No fim, ninguém gosta de ouvir mentiras.

Mas há nuances de honestidade, e Buda certamente compreendia isso. Só porque algo é verdade não significa ser a coisa certa a dizer no momento. Isso é algo que nunca consegui explicar para minha avó. Ela não resistia a dizer o que *realmente* achava das minhas escolhas – fossem de um suéter ou de uma carreira. Tive inúmeros colegas que tampouco compreendiam isso. Eles aproveitavam cada oportunidade de desmerecer as pessoas com quem trabalhavam, apontando cada erro inofensivo em nome de um *feedback* sincero. Mas ser sincero e ser um babaca são coisas diferentes.

Buda mencionava bastante aquilo que chamava de "fala correta", que ele acreditava ser parte integral do caminho para o nirvana. A verdade era só uma parte dela. Antes de dizer qualquer coisa, mesmo que fosse verdade, Buda sugeria que nos fizéssemos algumas perguntas: Isso vai ajudar? Esse é o momento certo? Isso é bondoso?[6]

Vamos começar tratando da primeira pergunta. Se um colega aparece para trabalhar usando sapatos horríveis, você não tem nenhuma obrigação de apontar isso. Se um funcionário incompetente é demitido, você não precisa dizer: "Fico surpreso que você tenha durado tanto tempo aqui". Não se trata apenas de ser verdade ou não, mas de ser o que a outra pessoa precisa ouvir ou não. Você deve perguntar a si mesmo se ouvir esse tipo de coisa vai ajudá-la de alguma maneira.

A maioria de nós tem uma capacidade limitada de absorver críticas. Se você tiver que dar *feedback* de uma apresentação ou de um relatório que foi um desastre total, muitas vezes é mais útil escolher um ou dois pontos em que a pessoa em questão mais precisa trabalhar e guardar o restante para uma oportunidade futura. Se um colega de trabalho pedir um *feedback*, muitas vezes é melhor se certificar desde o início sobre o que exatamente ele está esperando de você. Se ele só quer uma aprovação ou uma reprovação geral, talvez não goste de receber comentários linha a linha em questões de gramática ou estilo.

Do mesmo modo, nada poderá ser feito no ambiente de trabalho se ficarmos sempre debatendo as mesmas questões. Gosto de pensar que, se estou trabalhando com um grupo de pessoas inteligentes e bem-intencionadas, a segunda melhor decisão é quase tão boa quanto a melhor.* Então, mesmo que eu tenha *certeza* de estar correto em determinado ponto, é melhor deixar a oposição de lado de modo que a equipe possa seguir em frente. Quando fica evidente que continuar discutindo não vai fazer ninguém mudar de ideia, não ajuda em nada continuar a professar minha discordância.

* Se *não* estou trabalhando com um grupo de pessoas inteligentes e bem-intencionadas, talvez seja a hora de seguir em frente mesmo assim. Se você não pode confiar que a segunda melhor decisão também vai ser boa, talvez tenha dúvidas mais profundas sobre essa equipe ou esse trabalho que precisem ser abordadas.

Buda também se preocupou com *quando*, e não só com *o quê*. Como já foi dito, se um time tem dificuldades com uma questão particularmente controversa, talvez seja hora de guardar outras apreensões para si. Muitas pessoas respondem mal quando criticadas em público, então uma reunião com bastante gente pode ser a hora errada para dar *feedback* sobre seu trabalho, ainda que com boa intenção. Se alguém acabou de ser detonado pelo chefe, pode ser a hora errada para admitir que você concorda. Se alguém acabou de fazer uma apresentação a um cliente importante envolvendo muita pressão, pode ser a hora errada de dizer quão mal você acha que tudo correu. Logo essas pessoas vão ficar sabendo, e você sempre pode tocar no assunto depois se necessário.

Tenho certeza de que você consegue pensar em muitos outros exemplos. Dizer a coisa certa na hora errada muitas vezes é bem pior do que ficar quieto – principalmente quando sabemos que a verdade pode ser difícil de escutar. Por isso Buda considerava encontrar o momento certo para falar tão importante quanto dizer a verdade. Como ele colocou:

"O que considero mais excelente e sublime é aquele que critica quem merece crítica, e cuja crítica é precisa, verdadeira e oportuna; e aquele que louva quem merece louvor, e cujo louvor é preciso, verdadeiro e oportuno."[7]

Em outras palavras, quer estejamos criticando ou louvando, o momento certo é a chave.

O último conselho de Buda sobre a "fala certa" talvez seja o mais difícil e o mais importante: é preciso ser bondoso. Isso não quer dizer que tudo deva ser adocicado, mas até a crítica mais direta pode ser feita "com gentileza". Como Buda coloca: "com uma mentalidade de bondade amorosa".[8]

A coisa mais importante a fazer é demonstrar preocupação pelo outro e focar a crítica no trabalho. Não importa quão mal alguém esteja se saindo, ainda assim se trata de um ser humano e, portanto, é digno de respeito. É preciso deixar esse respeito evidente em *todas* as interações, e não apenas ao fazer uma crítica. A confiança deve ser construída sendo cuidadoso com os colegas todos os dias – perguntando sobre parceiros e filhos, verificando como estão depois de uma doença ou de uma tragédia e até querendo saber mais sobre como foram as férias. Colegas querem ser vistos como pessoas e serão muito mais receptivos a críticas se souberem que vêm de alguém com um desejo genuíno de ajudar.

Isso também vale quando se está recebendo o *feedback*. Tente aceitar a crítica como um reflexo do seu trabalho, não da sua pessoa, ainda que o colega que esteja criticando você não seja muito bom em fazer essa distinção. E, concorde com o *feedback* ou não, não deixe que a discussão se torne pessoal. Buda nos aconselhou a não odiar as pessoas que nos criticam, ainda que duramente. Ele não queria que odiássemos nem mesmo aqueles que poderiam "cortá-lo de modo selvagem, membro a membro, com uma serra de duas mãos"[9] – como talvez venhamos a nos sentir quando nosso trabalho está sob ataque.*

Outra coisa a ter em mente é que, para a maioria de nós, é muito mais difícil ser cruel cara a cara do que por *e-mail*, mensagem ou telefone. Isso significa que é muito mais seguro fazer uma crítica pessoalmente. Tive um chefe anos atrás que me instruiu a nunca dizer nada negativo a alguém por *e-mail* – conselho que diversas vezes esqueci e

* Em caso de desmembramento de fato, no entanto, é melhor você notificar alguém do RH.

instantaneamente desejei ter recordado. Não só é difícil de julgar nosso tom quando nos comunicamos por meios eletrônicos como perdemos os sutis sinais de como nosso *feedback* está sendo recebido. Quando estamos presentes fisicamente, em geral podemos sentir melhor o que a outra pessoa está ouvindo, e não só o que estamos dizendo. Podemos controlar nosso tom e ajustar as palavras se percebemos que algo não soa como a intenção original.

Essas lições sobre bondade são particularmente complicadas quando se é um gestor ou supervisor, porque nesses casos dar um *feedback* sincero faz parte do seu trabalho. Muitos gestores se esforçam demais para ser bondosos, resultando no que a autora Kim Scott chama de "empatia nociva", "responsável pela grande maioria dos equívocos de gerenciamento" que ela presencia no mundo corporativo.[10] O principal objetivo de dar *feedback* no trabalho não é fazer com que as pessoas se sintam melhor;* é ajudá-las a trabalhar melhor. Quando bem feito, um *feedback* sincero pode conseguir ambas as coisas. De novo, a chave é ser direto e focar qualquer crítica no trabalho, e não na pessoa. O grande professor budista indiano Santideva resumiu as diretrizes de Buda da seguinte forma: "Deve-se falar com palavras confiantes e medidas, de significado evidente, que deleitem a mente, agradem o ouvido, sejam suaves e lentas e decorram da compaixão".[11] Se você puder dar *esse* tipo de feedback, está no caminho certo para ser um ótimo gestor.

* Há exceções, lógico. Em situações com colegas que descobriram que têm câncer, com alguém próximo deles doente ou recentemente falecido, ou cujo casamento está se desfazendo de maneira dolorosa, por exemplo, é melhor não oferecer um *feedback* negativo. Reconfortá-los deve ser sua prioridade; críticas relacionadas ao trabalho podem esperar.

Mas Buda não considerava nada disso uma desculpa para mentir. Os códigos monásticos tradicionais fornecem *muito* poucas exceções à regra de não mentir. Buda permitia que às vezes cometêssemos um erro por falar "apressadamente".[12] Ele abriu outra exceção para quando simplesmente nos expressássemos mal, falando uma coisa quando queríamos dizer outra. Em ambos os casos, que não eram considerados violações das regras de Buda, deveríamos corrigir o erro assim que possível. Mas esse é todo o espaço de manobra que ele nos deixa. Em uma lição a seu filho, Buda diz: "Não tolerarei falsidade nem como piada".*[13] Ui!

Buda fez todos esses comentários principalmente para nos encorajar a pensar antes de falar. Lembre-se: menos costuma ser mais. Ele era grande fã do silêncio e de saber quando parar. Como muitos dos conselhos neste livro, o melhor caminho envolve deliberação e equilíbrio. Pense antes de falar, escolhendo a hora, as palavras e o local certos. Como Buda colocou em outro momento: "Melhor que milhares de afirmações inexpressivas é uma palavra significativa, que, tendo sido ouvida, traz paz".[14]

* Buda não foi um bom pai, como vamos explicar no capítulo 17. Mas seu filho acabou se tornando monge e se juntou à sanga de Buda, que se dedicou, então, a treiná-lo.

CAPÍTULO 12

Buda nos conflitos

DADO SEU AMOR PELA VERDADE, VOCÊ PODE FICAR SURPRESO AO descobrir que Buda se preocupava bastante com discussões. Uma das maiores ofensas no código monástico era "causar um cisma" na sanga – basicamente deixar que discussões saíssem de controle. Ele provavelmente via isso acabar com escolas de ioga e meditação em toda a Índia em sua época e não queria que seus seguidores caíssem nas mesmas armadilhas. Buda também compreendia que qualquer grupo de pessoas que passem muito tempo juntas acaba se envolvendo em discordâncias – em especial quando se comprometem em dizer a verdade, como ele insistia que seus monges e monjas fizessem. Quando Buda listou cinco "atos graves" que levavam ao renascimento imediato no inferno, deixar que discussões saíssem ao controle de modo a criar um cisma estava lá, junto com "matar a própria mãe".[1] Buda achava que isso era assim ruim.

Dessa forma, ele sabia que encontrar maneiras saudáveis de discordar era essencial para a sobrevivência de sua comunidade. Seus monges e monjas teriam que aprender a discordar de maneira construtiva e a resolver disputas amigavelmente. Isso vale não só para o monastério, mas para o ambiente de trabalho. Certa parcela de conflito no trabalho pode ser evitada, mas se não for contida pode acabar saindo de controle. Grandes disputas podem começar com "conflitos de tarefas" menores, basicamente discordâncias quanto a como certo trabalho deve ser feito. Mas tudo se complica mesmo quando esse tipo de coisa leva a um "conflito de relação" – em suas palavras: quando passam para o pessoal.[2]

O conselho de Buda a seus monges contém uma sólida sabedoria que pode ser aplicada no trabalho. O mais importante é: jogue limpo. Como Buda explicou, se alguém te questiona em algum ponto, a resposta certa nunca é "esmagá-lo, ridicularizá-lo, desfrutar de seu mais leve erro". Basicamente, não seja um idiota. Buda chamou qualquer um que recorra a tais técnicas de "impróprio para o diálogo".[3] E eu concordo.

Também é essencial focar nas ideias, e não nas pessoas. Como acabamos de ver, Buda dava grande valor à verdade. Não importa *quem* está certo, e sim *o que* é o certo. O objetivo de qualquer debate ou discussão no trabalho nunca deve ser "vencer", e sim descobrir a verdade.

Por esse motivo, não há nenhum valor em marcar pontos retóricos ou explorar distorções não intencionais. Independentemente da habilidade do seu oponente, devemos discutir com a melhor versão possível da visão oposta. Quando duas pessoas da minha equipe discordam, às vezes peço que façam um exercício em que cada uma se esforça ao máximo para resumir o ponto de vista da outra. Forçar-se a pensar usando a lógica do outro lado e tentar expressar tal posição tão favoravelmente quanto possível às vezes ajuda a revelar os pontos em comum. Você talvez até acabe se convencendo e mude de ideia!

Tudo isso nos leva ao tema das reuniões. Quase ninguém olha para o dia que se passou e pensa: "Queria ter participado de mais reuniões!". No entanto, reuniões são uma grande parte de como o trabalho é feito em muitas organizações. E provavelmente são onde a maior parte das discussões no ambiente de trabalho ocorre.

Como muitas outras coisas neste livro, é possível ter reuniões demais tanto quanto é possível ter reuniões de menos. O problema de reuniões demais é óbvio: ninguém tem tempo de *fazer* todas as coisas que são decididas nelas. E reuniões demais também podem dar início a um círculo vicioso. Trabalhei em uma empresa onde quase todo mundo estava sempre em reunião. Isso significava que você nunca conseguia encontrar ninguém em sua mesa, de modo que a única maneira de conversar com quem quer que fosse era marcar um horário. As reuniões se multiplicavam, e o problema só piorava.

Reuniões de menos pode parecer algo que não existe, mas isso acontece e igualmente causa problemas. Trabalhei em uma *startup* em que nunca se marcava um horário para conversar, a não ser por uma única reunião geral com a empresa inteira. Um ponto positivo era que todos tínhamos muito tempo livre para dedicar toda a atenção às nossas tarefas. Também era fácil encontrar pessoas específicas quando se precisava falar com elas. Mas era muito difícil falar com várias pessoas ao mesmo tempo. Você podia tentar engajar todo mundo de que precisava em uma discussão improvisada, mas invariavelmente alguém estava fora fazendo outra coisa, sem saber que era necessário a uma conversa que não podia ser agendada. Sem planejar esse tipo de discussão (em outras palavras, sem marcar reuniões), nunca podíamos ter certeza de que conseguiríamos falar com todos de que precisávamos de uma vez só.

A maior parte das reuniões recai em duas categorias: tomar decisões ou compartilhar informações. Reuniões de tomada de decisões em geral são discussões ativas que envolvem todos os participantes (ou pelo menos a maioria), enquanto reuniões de compartilhamento de informações costumam ser mais passivas, às vezes com apenas uma pessoa falando e o restante escutando. Alguns talvez argumentem que essa segunda categoria se tornou obsoleta e que o *e-mail* e outros meios eletrônicos são melhores para a comunicação com muitos, mas eu discordo. Ainda há algo de único em ouvir um colega de trabalho falando ao vivo. Há certo nível de nuance e emoção que pode ser perdido na comunicação por escrito, ou mesmo por vídeos e coisas do tipo. De certo modo, cada lição de Buda pode ser considerada uma reunião desse segundo tipo, e elas eram tão valiosas que seus discípulos memorizavam o que ele dizia!

Reuniões também podem ser tanto grandes quanto pequenas demais. Uma reunião de tomada de decisões costuma correr o risco de ser grande demais. A principal regra é convidar todas as pessoas necessárias para chegar a uma decisão, e não mais que isso. O motivo para ser rigoroso aqui é que a qualidade da discussão declina conforme o número de participantes aumenta. Conversas entre duas pessoas são muito eficientes – cada uma pode apresentar seus pontos e responder aos do outro em seguida. Quando há três pessoas, a troca fica mais complicada, e a partir daí só piora. Quanto mais pessoas estão envolvidas, mais difícil é manter a reunião nos trilhos.

Em geral dá para dizer se uma reunião de tomada de decisões está grande demais se certas pessoas não estão participando, ou se a discussão fica girando em círculos. Quando vir isso acontecendo, é melhor parar e propor uma reunião menor para resolver aquele ponto em particular e então seguir em frente.

No caso do compartilhamento de informações, em geral se corre o risco de fazer uma reunião pequena demais. Nesse caso você deve incluir *todo mundo* que precisa saber de qualquer coisa que vá ser compartilhada. Como em geral só uma pessoa ou algumas poucas falam, acrescentar participantes implica apenas aumentar o público, de modo a tornar a reunião *mais* eficiente, e não menos. Nesses casos, vale a pena ser generoso com os convites.

Um problema comum é ficar confuso quanto a que tipo de reunião se quer ter, ou marcar conversas que são um pouco de ambos. Talvez você tenha que navegar entre as pressões conflituosas de precisar de uma reunião pequena e uma grande. Às vezes é melhor dividir essas conversas híbridas em duas: uma reunião pequena para tomar decisões e uma reunião maior para comunicar essas decisões a um grupo mais amplo.

Muitas pessoas veem convites para reuniões como sinal de *status*. Afinal, se reuniões de tomada de decisões devem ser mantidas tão pequenas quanto possível, ser convidado para uma deve significar que você é importante ou até mesmo essencial. Eu certamente me senti assim por muitos anos. Me esforçava para comparecer ao que achava que eram reuniões importantes e não gostava quando não era incluído. Esse é outro motivo pelo qual as reuniões ficam grandes demais – não queremos ferir os sentimentos das pessoas deixando-as de fora. A professora da escolinha das minhas filhas costumava dizer: "Sempre tem espaço para mais um". Esse espírito de inclusão em situações sociais é maravilhoso – e tento segui-lo! –, mas terrível para muitas reuniões.

Conforme avancei na carreira, passei a ter sentimentos opostos em relação a ser convidado para reuniões. Agora qualquer reunião da qual sou excluído é uma pequena vitória. Se as pessoas são capazes de tomar decisões sem mim, sinto que fui bem-sucedido em mantê-las informadas e lhes dei o devido poder. Devo estar fazendo algo certo. Só quero ser convidado para reuniões quando for realmente necessário e, mesmo assim, espero resolver tudo para que não precisem de mim da próxima vez.

Nos últimos anos, também desenvolvi algumas regras de como me comportar em reuniões. Em primeiro lugar, nunca interromper quem está falando – ou tentando falar. Isso é muito mais difícil do que parece! Muitas empresas e equipes têm uma cultura de interrupção, então se você for esperar por uma abertura de verdade para falar talvez nunca consiga fazê-lo. Ainda assim, tento fazer um esforço consciente para não interromper ninguém e descobrir outras maneiras de sinalizar que gostaria de falar a seguir. Interromper os outros em reuniões é altamente contagioso, mas, de modo surpreendente, esperar sua vez para falar também pode ser. Quando você para de interromper, vai descobrir que muitas vezes outros passam a fazer isso também.

Em segundo lugar, em reuniões de tomada de decisões tento garantir que todo mundo consiga falar e que ninguém monopolize a conversa. Afinal, se a reunião foi corretamente convocada, todo mundo *precisa* participar, ou haveria menos convidados. Não deve haver meros espectadores em uma boa reunião de tomada de decisões.

Entretanto, algumas vezes uma ou duas pessoas dominam a discussão, enquanto outras não dizem nada. É possível que pessoas erradas tenham sido convidadas – nesse caso, talvez você queira propor remarcar a reunião com um grupo menor, como mencionado. No entanto, mais frequentemente a questão é que algumas vozes necessárias encontrem dificuldade para ser ouvidas. Tento encorajar os membros mais silenciosos do grupo a falar. "Acho que ainda não ouvimos a opinião de..." é uma boa maneira de abrir espaço para mais gente.

Em terceiro lugar, tento seguir as regras de discordância que discutimos no começo deste capítulo. O objetivo da reunião é tomar a decisão certa, e não afagar egos. Não importa *quem* está certo, desde que se chegue à melhor conclusão. Debates nunca deveriam virar pessoais. Ninguém deveria sair de uma reunião se sentindo pessoalmente atacado, e mesmo o lado "perdedor" precisa sentir que foi ouvido.

Finalmente, não podemos ficar obcecados por um ideal de perfeição. Muitas vezes é mais benéfico tomar uma *boa* decisão agora do que a *melhor* decisão depois. De novo, em uma sala cheia de pessoas inteligentes e bem-intencionadas, mesmo a segunda melhor decisão provavelmente ainda é muito boa e, quase com toda a certeza, boa o bastante.

Apesar de sua reputação, reuniões podem ser extremamente produtivas. A sanga original de Buda se reunia duas vezes por mês, na lua nova e na lua cheia, para recitar regras monásticas e confessar violações recentes. Todos os monges e monjas compareciam e participavam da discussão.

A maior parte de nós provavelmente tem mais de uma reunião a cada quinze dias no trabalho, mas podemos tentar garantir que todas nas quais estejamos sejam necessárias e eficientes. Podemos nos comprometer a ouvir os outros e a não nos apegar demais à nossa opinião.

Não conheço ninguém que goste de verdade de brigar com colegas de trabalho. Eu com certeza não gosto. Buda acreditava que "todos os seres desejam viver sem ódio, hostilidade ou inimizade" e que "desejam viver em paz".[4] Aposto que é assim que você se sente na maioria dos dias.

Qualquer grupo saudável com membros dedicados vai incluir uma variedade de opiniões. Mesmo pessoas iluminadas parecem discordar de vez em quando – como você vai ver se um dia comparecer a uma reunião de mestres budistas. No entanto, é possível viver em paz mesmo ao discordar dos colegas. Só se lembre dessas regras básicas e nunca mais vai deixar que discussões no ambiente de trabalho saiam do controle.

CAPÍTULO 13

Como ser ambicioso

SE A CAUSA DE TODO O SOFRIMENTO É NOSSA ÂNSIA CONSTANTE POR mais, como fica a carreira? Um trabalho de sucesso não exige querermos ser bem-sucedidos – especificamente, *mais* bem-sucedidos do que somos agora? Isso parece exigir certo nível de esforço. Podemos nos sair bem no trabalho sem de fato tentar?

Em muitos aspectos, monges budistas sempre cultivaram com afinco a falta de ambição e ainda fazem isso na linha teravada, comum no Sudeste Asiático. Esses monges saem todas as manhãs para pedir comida e são proibidos de guardar seja lá o que for para o dia seguinte. Eles começam todos os dias sem literalmente nada,* esperando que todas as suas necessidades – pelo menos da perspectiva nutricional – sejam atendidas pela comunidade. Eles não têm motivo para lutar por quaisquer posses além de suas necessidades diárias, porque são proibidos de acumular riqueza. Mesmo a comida doada a mais precisa ser dada no fim do dia, de modo que pedir por mais tempo ou mais eficiência não

* Tudo bem, não "*literalmente nada*". Eles podem ter três vestes, uma tigela, uma navalha, um filtro de água, agulha e linha.

leva a nada. Mais comida para eles seria apenas mais coisa a carregar – e provavelmente mais coisa para jogar fora.

Mas esse sistema só funciona porque nem *todo mundo* é monge. *Alguém* precisa pensar no futuro. Alguém precisa plantar e colher de acordo com as estações. Alguém precisa planejar e preparar refeições. E alguém precisou ganhar dinheiro o bastante para fazer doações para a construção de monastérios onde monges e monjas pudessem viver e estradas pelas quais pudessem perambular.* Os budistas tendem a ver esse arranjo como mutuamente benéfico, uma vez que os monges e monjas espalham o darma com o apoio dos leigos. Mas, independentemente de essa situação parecer justa ou não a você, o fato é que monges só podem viver assim porque alguém se planeja.

Na verdade, por que alguém se torna um monge ou uma monja? Evidentemente não pelo dinheiro, uma vez que eles são proibidos até de manuseá-lo. Também não é por alguma das armadilhas da riqueza e do poder, como casas luxuosas (proibidas), roupas (proibidas), sexo ou drogas (também proibidos). Mas parece razoável presumir que muitos deles pelos menos estão buscando alguma coisa. É preciso certo esforço para deixar sua casa e viver segundo regras tão austeras. Deve haver alguma motivação por trás. Ambicionar o despertar não é também uma forma de ambição?

Os budistas encaram esse paradoxo desde seus primórdios. O pró-

* Quando a China invadiu o Tibete nos anos 1950 e começou a desmantelar seu sistema monástico, as autoridades chinesas alegaram que os monges tibetanos exploravam o povo ao levar uma vida de ócio enquanto os outros trabalhavam. O fato de o povo tibetano estar disposto a manter aquela situação e até desejar aquilo foi visto como um sinal de lavagem cerebral.

prio Buda afirmava que não havia vagado sem rumo logo após deixar o palácio. Ele tinha um objetivo, um propósito. Estava procurando algo. E acabou encontrando. Se não tivesse conquistado nada naqueles seis anos, não passariam a chamá-lo de Buda. Ele seria apenas o príncipe Sidarta, há muito esquecido, só mais um pai que fugiu das suas obrigações.

A atenção plena em si já implica certo tipo de objetivo – o objetivo de nos concentrar por completo em tudo o que fazemos. Budistas acreditam piamente no antigo adágio que diz que qualquer coisa que vale a pena ser feita vale a pena ser bem feita. Vê-se essa atitude nos templos zen em todo o Japão – e ela se aplica tanto aos habilidosos artesãos de cerâmicas e pinturas quanto aos monges silenciosos cavando a areia. Não há nada de errado em tentar fazer o seu melhor, sempre, independentemente do que se faça. E esse *tentar* por si só é um objetivo.

Os budistas com frequência têm objetivos a longo prazo também. Grandes projetos levam tempo, quer seja construir um novo templo ou concluir a faculdade de medicina, quer seja preencher uma planilha complicada ou fechar um negócio. Nada seria feito se nenhum de nós tivesse objetivos. Eu nunca poderia ter escrito este livro sem objetivos.

Mas nem todos os objetivos são criados de modo igual e nem todos os objetivos são dignos de nossos esforços. Ramos posteriores do budismo consideram o voto do bodisatva o maior dos objetivos. Bodisatvas são seres totalmente iluminados – Budas em potencial – que, apesar disso, decidiram atrasar sua entrada completa no nirvana até que tenham libertado todos os outros seres do sofrimento também. (Teremos um capítulo sobre esse objetivo específico mais perto do fim.) Depois desse objetivo, o segundo mais nobre seria a busca individual do despertar. Se isso parece um pouco egoísta a você, o motivo tradicional por trás da elevação de tal objetivo é que não podemos ajudar verdadeiramente os outros a superar o sofrimento até que o tivermos feito nós mesmos. De outra forma, permaneceríamos presos a nossos desejos egoístas – pelo menos de vez em quando. Se de fato queremos nos dedicar a cuidar dos outros, também precisamos nos cuidar.

E como ficam os objetivos de carreira, como ser promovido, fechar com um cliente novo ou fazer uma venda importante? E quanto a almejar um aumento ou um bônus ou se candidatar a um emprego melhor?

Buda ensinou que objetivos *ruins*, insalubres ou prejudiciais tendem a vir de três fontes problemáticas: ganância, ódio e ilusão. Quaisquer objetivos com essas motivações estão inerentemente contaminados. Assim, quaisquer objetivos que não tenham essas motivações estão liberados.

Isso pode ser um pouco confuso de aplicar. Muitas vezes temos que nos aprofundar bastante em nossos objetivos para descobrir nossas verdadeiras motivações. Talvez não tenha nada de errado em querer um aumento de modo a garantir a segurança e o conforto da própria família. Mas dinheiro por si só não vai salvar um casamento que está se desfazendo nem compensar a negligência em relação aos filhos. Esses casos exigem amor, e não dinheiro, e acreditar no contrário é uma das muitas ilusões que nos tiram de nosso caminho.

De modo similar, querer ser promovido porque acredita que poderia fazer um trabalho melhor com uma equipe maior ou mais responsabilidades ou querer mudar de emprego porque acha que o novo tem mais a ver com você não é um problema. Mas querer um cargo ou um salário maior só porque acha que assim vai estar "ganhando" é uma manifestação de ganância.

E o ódio não fica atrás, mas você provavelmente já sabe disso. Tentar subir na carreira apenas para ficar quite com alguém ou para ter poder sobre os outros nunca é um bom objetivo.

Algumas pessoas que meditam há muito tempo acabam com o problema oposto: têm objetivos de menos! Quando você se dá conta de que uma conta bancária recheada ou um currículo impressionante não levam à felicidade verdadeira, como focar no trabalho? Qual é o sentido?

Em certo ponto, essas pessoas estão certas: não há sentido. Não é mais fácil despertar em uma mansão do que em uma cabana minúscula. Talvez seja até mais difícil. Buda deixou sua vida no palácio por um motivo. Todo aquele luxo o distraía. Mas uma vida de dor e privação tampouco era a resposta. Toda aquela angústia física criava suas próprias distrações.

Como com tudo relacionado aos ensinamentos de Buda, a resposta parece ser equilíbrio, encontrar o Caminho do Meio. Algum sucesso material na vida pode ser útil e ajudar a fundamentar a prática. E tudo é relativo. Para algumas pessoas, tirar uma folga do trabalho para participar de um retiro de uma semana parece um luxo inimaginável. Para outras, ter que trabalhar as outras cinquenta e tantas semanas em vez de viver em tempo integral em um templo parece muito difícil. O equilíbrio entre trabalho, família e prática é diferente para cada um de nós. Se quiser largar seu trabalho e se mudar para um templo, e puder se permitir isso, certamente não vou impedi-lo. Mas se quiser continuar trabalhando para se sustentar, e para sustentar sua prática, não há nada de errado com isso também. Desde que seus objetivos sejam puros, ambos são nobres caminhos.

Tenha em mente que mesmo os objetivos mais ilustres às vezes podem se tornar distrações. Há uma história famosa sobre Ananda, um dos discípulos mais talentosos de Buda. Ananda tinha comparecido a quase todas as lições de Buda e, com sua memória prodigiosa, podia recitar todas elas, palavra por palavra. Depois que Buda morreu, seus discípulos decidiram reunir quinhentos de seus seguidores totalmente iluminados para chegar a um consenso sobre seus verdadeiros ensinamentos e garantir que fossem propagados de maneira correta para a próxima geração de alunos. É evidente que queriam que Ananda estivesse presente. Ele lembrava mais sobre os ensinamentos que qualquer outro! Mas havia um problema: Ananda ainda não havia chegado à iluminação.

Droga! Ele ficou muito chateado. Os outros concordaram em fazer uma exceção, de modo que haveria 499 discípulos iluminados e Ananda na reunião. Problema resolvido! Dá para imaginar como ele se sentia humilhado com a situação. Ananda prometeu então chegar à iluminação antes da reunião. Não tem nada de errado nisso! Na teoria, é um objetivo perfeitamente nobre. Despertar tinha sido um dos objetivos de Buda também. No entanto, o foco extremo no futuro, e não no presente, foi um obstáculo para Ananda. E a verdade era que havia alguma impureza em suas motivações. Ele não estava tentando despertar para superar o sofrimento ou para ajudar os outros – só não queria ficar constrangido na reunião. Era uma questão de ego, uma forma de ganância. Assim, Ananda meditou com todo o afinco, mas não conseguiu chegar lá. Ficou empacado.

Na noite anterior à reunião, Ananda sabia que era agora ou nunca. Ficou acordado a noite toda meditando, como Buda havia feito em seu grande despertar. Mas não teve sorte. Na manhã seguinte, nada havia acontecido. Ele não tinha mais tempo. Precisou engolir o orgulho e compareceu à reunião como o convidado especial dos iluminados. Havia fracassado. Ananda se deitou para dormir um pouco, tendo desistido de seu objetivo de despertar – e então bum! Antes que sua cabeça tocasse o chão, ele havia despertado. Tudo o que precisava era parar de pensar em seu objetivo.

Às vezes, precisamos fazer uma tarefa só por fazer. Temos que nos orgulhar de nosso trabalho e dedicar toda a nossa atenção a ele. Não há nada de errado em ter objetivos saudáveis, desde que não sejamos motivados por ganância ou ódio e que sejamos honestos com nós mesmos em relação aos objetivos que vamos alcançar e aos que não vamos. Mas não podemos deixar que os objetivos por si só se tornem outra distração. Não podemos deixar que nos impeçam de prestar atenção. Às vezes, o melhor caminho – e talvez o único caminho – seja atingir nossos objetivos para nos desapegar deles.

CAPÍTULO 14

Onde Yoda errou

NÃO É O BASTANTE TER OBJETIVOS. VOCÊ TAMBÉM PRECISA FAZER UM esforço. Precisa tentar.

Algumas pessoas acham que Buda era um sujeito fácil, do tipo que aceitava o que viesse. As estátuas do homenzinho gorducho e sorridente que vemos em restaurantes chineses reforçam esse estereótipo – só que nem são de Buda.* O fato de *hippies* usarem colares e pulseiras de contas budistas também contribui para essa imagem. Imagens do verdadeiro Buda em geral o mostram sentado ou até mesmo deitado. Ele costuma parecer em paz e satisfeito, talvez digno e sábio. Mas nunca parece estar se esforçando muito.

Na verdade, Buda não era nem um pouco do tipo que se deixava levar. Ele se esforçava. Trabalhava duro e esperava que seus seguidores o fizessem também. Preocupava-se muito com o esforço. O despertar não é algo que simplesmente acontece, Buda chegou a explicar. Para que um monge siga o caminho, "ele se esforça, evoca energia, aplica a mente,

* Elas retratam um monge chinês atarracado que se tornou símbolo de boa sorte. O nome dele é Hotei em japonês e Budai em chinês, o que talvez seja o motivo da confusão.

empenha-se".[1] Como o monge e estudioso Bhikkhu Bodhi resume: "O trabalho de autocultivo não é fácil" e requer "esforço incessante". Nada substitui esse trabalho e "ninguém pode fazê-lo além de nós mesmos".[2]

Buda também se preocupava com a indolência, o oposto do esforço, talvez porque seja fácil confundir meditação com ociosidade. Ele listou a indolência, junto com o alcoolismo e se envolver em apostas, como caminhos certeiros para a ruína. E foi bem específico ao descrever os perigos de ser preguiçoso demais.

Pensando: "Está frio demais", não se trabalha; pensando: "Está quente demais", não se trabalha; pensando: "É cedo demais", não se trabalha; pensando "É tarde demais", não se trabalha; pensando: "Estou com fome demais", não se trabalha; pensando: "Estou cheio demais", não se trabalha.[3]

Provavelmente todos nós tivemos dias assim, em que podíamos listar inúmeras razões para não fazer nada e não encontrávamos nenhuma para fazer alguma coisa. E é provável que você já tenha trabalhado com pessoas que parecem se sentir assim todos os dias.

No mundo profissional, esse fenômeno costuma ser chamado de síndrome de burnout e é um problema real. Como Buda sabia, tudo o que vale a pena fazer exige esforço, e isso inclui desde avançar na carreira até despertar espiritualmente. Você não vai chegar a lugar nenhum se não reunir energia e tentar.

A chave para evitar o burnout e continuar se esforçando no trabalho parece ser fazer coisas de que gosta e que considera gratificantes. Isso pode parecer ao mesmo tempo óbvio e, às vezes, impossível. Mas a boa notícia é que pesquisas relacionadas a ambiente de trabalho sugerem que você não precisa amar seu trabalho *o tempo todo*. Cientistas da Mayo

Clinic entrevistaram centenas de médicos sobre uma ampla gama de assuntos, cobrindo de características de trabalho a satisfação na carreira.[4] O que descobriram pode surpreender você: "Médicos que passavam no mínimo 20% de seu tempo fazendo o trabalho que era mais significativo para eles apresentaram cerca de metade da taxa de burnout que aqueles que passavam menos de 20%".

Ou seja, passar apenas 20% do seu tempo fazendo a parte do seu trabalho de que você gosta mesmo pode ser o suficiente para mantê-lo motivado. No estudo da Mayo Clinic, passar mais tempo do que isso não fez muita diferença. Isso valia independentemente de qual parte do trabalho os médicos gostavam. Alguns encontravam maior realização no cuidado com os pacientes, outros ensinando colegas, alguns se dedicando à parte administrativa. Mas não importava *o que* eles achavam mais significativo, desde que passassem pelo menos 20% de seu tempo fazendo isso.

Em uma jornada típica de trabalho de oito horas, 20% é um pouco mais do que 1h30. Não é *muito* tempo. Uma abordagem é fazer isso logo ao chegar ao trabalho. Outra é tornar isso uma recompensa para quando fizer outras tarefas. Tentei ambas e achei ambas efetivas. Às vezes, é mais uma questão de parar por um momento e se dar conta de que já se está fazendo a parte do trabalho em que se vê significado. Talvez você trabalhe com comércio ou serviços e o que ama mesmo seja conversar com clientes e ajudá-los a encontrar o que quer que necessitem. Talvez isso não seja algo que se possa programar, mas você deve lembrar a si mesmo todos os dias que é isso o que torna seu trabalho especial.

Tenho dois rituais que gosto de cumprir e que me ajudam a encontrar esse equilíbrio. Primeiro: quando chego ao trabalho, faço uma lista de afazeres do dia. Algumas dessas coisas eu preciso fazer, outras apenas quero fazer. Colocá-las no papel ajuda muito, tanto para que eu não me esqueça de nada quanto para me manter motivado o dia todo. Segundo: antes de ir para casa, procuro pensar em como foi meu dia. Como passei o tempo? O que realizei? Cheguei a fazer aquilo que amo?

Você pode usar esses rituais para garantir que passe algum tempo todo dia fazendo as coisas que considera mais gratificantes. Comece incluindo algumas em sua lista – a longo prazo, elas serão tão importantes quanto aquele novo projeto que seu chefe lhe passou ou aquele prazo que se aproxima. Colocar esse tipo de coisa na sua lista com as prioridades diárias impede que a intenção seja perdida em meio à correria do trabalho.

No fim do dia, considere como você gastou seu tempo. Está satisfeito com suas escolhas? Passou pelo menos uma ou duas horas fazendo o que gosta? Se não, que mudanças pode fazer amanhã para se colocar de volta nos trilhos? Tente deixar o dia seguinte um pouco mais equilibrado que hoje.

Muitas outras técnicas neste livro podem ajudar você a manter a energia elevada – comer bem, dormir o bastante, se exercitar com regularidade etc. Ao desconfiar que sua energia está caindo, tente tirar uma folga e dar uma volta, nem que seja só de cinco minutos. Se puder sair na rua, melhor ainda – o corpo e a mente estão treinados para acordar com a luz do sol.

Outro fator que contribui com o burnout é o fracasso – ou o *medo* do fracasso. É difícil manter a energia elevada quando o trabalho não vai bem. Trabalhar em um projeto que não dá certo parece uma perda de tempo.

Mas não é. O fracasso é um sinal útil de que você está correndo riscos. Se você nunca fracassa em nada é porque não está se arriscando muito. No Vale do Silício, empreendedores com frequência falam sobre as virtudes de "fracassar depressa".[5] Isso não quer dizer que o fracasso seja necessariamente bom, mas, se vai fracassar, é melhor que seja logo do que mais tarde.

Aplicando isso ao seu trabalho, muitas vezes é útil abordar a parte mais complicada de um projeto primeiro. Assim, se você fracassar, pelo menos não terá investido tempo demais nele e poderá partir para a próxima. Se começar com a parte fácil, pode acabar trabalhando semanas ou meses em algo antes de descobrir que sua abordagem não vai dar certo. Começando qualquer coisa pelos desafios também se tem o benefício da animação da descoberta e a emoção de enfrentar o desconhecido. Isso muitas vezes ajuda a manter a motivação. Mesmo que acabe não dando certo, é possível aprender muita coisa trabalhando em algo difícil. E, se você for bem-sucedido, seguirá adiante sabendo que o caminho a partir dali provavelmente será tranquilo.

Para a maioria de nós, esforço e ambição muitas vezes andam lado a lado. Não conseguimos conquistar nada sem esforço, e é mais fácil se esforçar quando se tem um objetivo em mente. Sua lista diária de afazeres abrange seus objetivos a curto prazo, enquanto suas ambições de carreira descrevem seus objetivos a longo prazo. Não se deve ficar diariamente obcecado com isso, mas refletir mais ou menos uma vez por mês sobre o andamento da sua carreira pode ajudá-lo a se manter motivado dia a dia. Quando você se dá conta de que um de seus objetivos não vai ser alcançado, pode riscá-lo da lista e focar em outro. O importante é sempre continuar tentando.

Há uma história em que Buda aparece residindo em um monastério com quinhentos de seus seguidores mais devotos. Depois de uma breve visita a um vilarejo próximo, muitos monges ficaram batendo papo em vez de meditar.[6] Quando os viu ali à toa, Buda os advertiu de que não estavam tentando o suficiente: "Cabe a vocês fazer um esforço real; os professores só podem lhes ensinar como".[7]

De novo, objetivos por si só não são o bastante. É preciso trabalhar duro. O mestre zen ficcional mais famoso do universo provavelmente é Yoda, o pequeno professor de Luke Skywalker nos filmes da série *Star Wars*. Uma de suas citações mais célebres é: "Faça ou não faça. Tentativa não há".[8] Infelizmente, nesse ponto em particular, o mestre Yoda estava errado.

CAPÍTULO 15

Lembrando-se de respirar

VAMOS IMAGINAR QUE VOCÊ ESTEJA FAZENDO TUDO DE QUE FALAMOS até agora. Você está meditando. Está prestando atenção. Dorme bem, come bem e se exercita com frequência. Você diz a verdade e discute honestamente. Tem objetivos saudáveis e faz um esforço real para alcançá-los.

Mas ainda assim seu dia no trabalho está ruim.

Isso acontece. Eu tenho dias ruins. Você tem dias ruins. Até as pessoas com mais experiência em meditar têm dias ruins.

Às vezes, dias ruins se resumem a algum tipo de engano, que Buda chamaria de ilusão. Uma das lições dele foi a de que as coisas nem sempre são como parecem. Nossa mente nos prega peças. Às vezes, faz as coisas parecerem melhores do que de fato são. No trabalho, acho que, em geral, nossa mente faz as coisas parecerem piores.

No meu trabalho, tento distinguir dois tipos de problema, que chamo de problemas reais e falsos problemas. Um problema real é aquele que, se não for resolvido, vai fazer com que algo ruim aconteça. Um falso problema, por outro lado, é um que se pode ignorar sem que haja consequências negativas.

Pode parecer uma distinção óbvia, mas, ao categorizar problemas assim no trabalho, é impressionante quantos se revelam falsos. Por exemplo, um problema comum para muitas pessoas é a impressão de que um colega ou o próprio chefe não gosta delas. A sensação nunca é boa e às vezes leva a muito estresse. *Parece* um problema que precisa ser resolvido. Mas pergunte a si mesmo: o que vai acontecer se você *não* resolver isso? A menos que a suposição de que a pessoa não gosta de você esteja causando um conflito real e interferindo em sua habilidade de realizar seu trabalho, você provavelmente pode simplesmente ignorar isso. Não é necessário que todos gostem de você, ainda que isso possa fazer com que você se sinta bem.

Em empresas maiores, às vezes surgem preocupações com coisas como duas pessoas que têm o mesmo cargo ou cargos muito semelhantes ou duas equipes com a mesma missão ou missões muito semelhantes. Isso pode criar tensão e, às vezes, faz com que ambos os lados se sintam ameaçados, ainda que raramente um fique no caminho do outro. Outras questões comuns são dois modos diferentes de realizar certa tarefa ou a discordância quanto ao formato certo para uma reunião ou para um relatório. Consistência certamente é melhor, não? Talvez. Mas, diante de tal situação, muitas vezes pergunto a mim mesmo o que aconteceria se nada fosse feito a respeito. E muitas vezes a resposta é nada.

Pessoas que me levam falsos problemas no trabalho muitas vezes enfatizam a necessidade de fazê-lo explicando por quanto tempo a questão se prolonga – às vezes semanas, meses ou até mesmo anos! –, sem se dar conta de que isso prova que não há um problema real. Se uma situação se sustentou por meses ou anos sem consequências negativas, provavelmente não se trata de um problema real. E se a única consequência de não resolver o problema de imediato é que ele ainda vai existir daqui a um mês ou um ano, esse é outro motivo para duvidar da necessidade de uma solução. Um problema que não piora em um ano provavelmente não chega a ser um problema.

Essa filosofia vai contra o famoso aforismo "Nunca deixe para amanhã o que pode fazer hoje". Talvez esteja mais próxima da versão burlesca de Mark Twain: "Nunca deixe para amanhã o que você pode muito bem fazer no dia depois de manhã".[1] Isso não é ceder à preguiça, que discutimos no capítulo anterior. Trabalho que precisa ser feito deve ser feito sem qualquer atraso desnecessário. Mas muitos de nós passamos o dia no trabalho com mais problemas do que podemos resolver. Essa, comumente, é a causa daqueles dias ruins. Nessa situação, faz sentido focar nos problemas que de fato importam.

Veja, não há nada de errado em resolver falsos problemas. Às vezes vale a pena resolver um problema só para que as pessoas parem de falar nele. (Isso conta como uma consequência, ainda que bem pequena.) Mas seu esforço deve ser proporcional aos benefícios. Se as pessoas gastam muito tempo se preocupando com um falso problema, vale a pena fazer um *pequeno* esforço para solucioná-lo. Mas você não vai querer gastar muito tempo em algo só para acalmar os ânimos.

Em outras palavras, não é que falsos problemas não sejam problemas. *Alguém* acha que eles são, supostamente, reais. Mas esse alguém não precisa ser você. É um pouco como a antiga máxima zen: "As coisas não são o que parece. Nem o oposto".[2] Falsos problemas ainda são problemas, só não precisam ser um problema para você.

Ainda assim, haverá dias em que só os problemas reais já parecerão mais do que você pode suportar. Às vezes, parece que você está carregando tudo em seus ombros – e que ninguém mais faz nada!

Quando isso acontece comigo, tento me perguntar se não fui eu quem promovi tal situação. Por que tantos projetos ficaram comigo? Às vezes, percebo que fui eu quem busquei isso! Talvez não achasse que outra pessoa pudesse dar conta. Ou pior: tinha certeza de que outra pessoa *daria* conta e fiquei preocupado que meu chefe chegasse à conclusão de que eu não era necessário!

Tenho alguns remédios para isso. Primeiro: confie em seus colegas. Não sinta que precisa fazer tudo. É muito raro, na maioria das empresas, haver um trabalho que apenas uma pessoa possa fazer. Para começar, é um grande risco. E se você ficar doente? E se você se mudar? Quem vai fazer seu trabalho? Quanto antes outra pessoa souber se virar, melhor para todo mundo.

Segundo: não brigue para ter mais trabalho. Se alguém mais quer assumir uma tarefa, quase sempre deixo que o faça. Há muito poucas coisas que sinto que preciso ser eu a fazer. Quase sempre há trabalho o suficiente para todo mundo. E muito mais. Procure não ser territorialista e aceite ajuda quando oferecerem.

Terceiro: admita suas limitações. Não tente esconder quando tiver trabalho demais. Conte ao seu chefe. Conte a seus colegas. A pior coisa que você pode fazer é exalar confiança até o prazo final e então deixar todo mundo na mão. Se precisar de ajuda, peça – assim que possível.

E, quando todo o resto falhar, não se esqueça de respirar.

Já discutimos a respiração no contexto da meditação com atenção plena, e você pode usá-la ao longo do dia como uma maneira de superar momentos de estresse e desespero. Como o mestre vietnamita Thich Nhat Hanh colocou: "Respirar é um modo de despertar e manter atenção total".[3] É uma ferramenta que sempre carregamos conosco, disponível a cada minuto do dia. "Respirar é essencial para a nossa existência", o renomado professor de ioga Eddie Stern explica, e "a ligação entre a respiração e o espírito está na raiz de quase toda a prática contemplativa e religiosa".[4]

Buda concordava. Ele ensinou que podíamos chegar ao despertar por meio da atenção na respiração. Há uma história em que Buda estava completando um retiro de três meses com alguns de seus melhores alunos quando decidiu que eles poderiam progredir ainda mais em seu caminho rumo ao despertar. Buda disse a eles que ficaria outro mês ali para lhes dar mais instruções. A notícia se espalhou, e mais monges e monjas se reuniram para ouvir aquela aula extra com duração de um mês. O que Buda ensinou naquele período foi a técnica que ele chamou de total consciência da respiração.

Livros inteiros foram escritos sobre a meditação focada na respiração,[5] mas uma versão bastante simples dela faz maravilhas em um dia difícil no trabalho. Comece inspirando fundo, onde quer que esteja. Tente sentir o ar entrando pelo nariz ou pela boca. Sinta-o nos pulmões. Perceba o peito subindo e descendo. Sinta o ar sendo devolvido para o mundo.

É só isso que você precisa fazer.

Três respirações conscientes assim costumam ser o bastante para me acalmar na maioria dos dias. Então posso voltar a fazer o que quer que estivesse fazendo. Em um dia muito ruim, talvez seja preciso repetir o processo ao longo do dia – às vezes até a cada hora. Por sorte, é algo bastante simples. Um minuto ou dois já bastam. Você pode inclusive colocar um alarme para se lembrar de fazer isso ao longo do dia, conforme necessário.

Procure perceber como fica sua respiração "normal" em dias difíceis assim. Às vezes, ela pode parecer curta e entrecortada. Depois de algumas respirações com atenção, ela deve ficar um pouco mais relaxada. E seu corpo todo começará a acompanhá-la.

A consciência da própria respiração traz "grandes frutos e benefícios", de acordo com Buda.[6] Não posso prometer que só respirar vá transformar um dia ruim no trabalho no nirvana, mas garanto que vai ajudar. Você pode tentar fazer disso parte da sua rotina, quer esteja em um dia ruim quer esteja em um dia bom. Mas, nos dias ruins, é especialmente importante se lembrar de respirar.

PARTE 3:

OBSTÁCULOS

CAPÍTULO 16

Apego e desapego

COMO DISCUTIDO, A MAIOR PARTE DAS LIÇÕES DE BUDA FOI GRAVADA mentalmente por um único sujeito: Ananda, um discípulo bastante próximo dele. Ananda possuía uma capacidade de memorização impressionante e recitou a maioria dos ensinamentos de Buda aos 499 outros iluminados que se reuniram no Primeiro Conselho após a morte de seu mestre.

Mas Ananda havia deixado escapar algumas coisas. Entre outros grandes discípulos de Buda havia uma mulher chamada Khujjuttara, que fora serva no palácio de uma das muitas famílias reais da antiga Índia. Ela entreouviu Buda uma vez enquanto cumpria seus afazeres em um vilarejo próximo e se tornou então uma estudante devotada. Khujjuttara voltava para ouvir Buda falar sempre que podia e repetia os ensinamentos dele para a rainha e outras mulheres da corte. Os relatos dela sempre começavam com a mesma frase: "Isto foi dito".[1]

Khujjuttara sobreviveu à sua rainha e chegou à iluminação. Quando as escrituras budistas foram compiladas, suas recordações foram adicionadas às de Ananda em um livro separado, chamado Itivuttaka, palavra páli para a frase que ela repetia: *Isto foi dito.*

Mas do que exatamente Khujjuttara se lembrava? O que Buda dizia no vilarejo? O Itivuttaka cobre muitos assuntos, mas uma das minhas frases favoritas é das mais simples. Ao descrever os fatores mais importantes em nosso caminho para o despertar, Buda explicou: "Não considero nenhum outro fator tão útil quanto uma boa amizade".[2]

Em outras palavras, até o despertar é mais fácil com amigos.

Conheci dois dos meus melhores amigos em meu primeiro trabalho em tempo integral, durante as férias de verão da faculdade. Fiz outros amigos próximos por meio do trabalho nas décadas que se passaram desde então. Por outro lado, muitas das amizades que fiz em diferentes trabalhos ao longo dos anos não sobreviveram às inevitáveis mudanças de empresa – ou mesmo de equipe, ainda que ambas ficassem no mesmo prédio. É lógico que nem todas as relações de trabalho são boas, e a necessidade de ser "político" assombra muitas empresas. Algumas vezes, saí de um trabalho com certo ressentimento em relação a antigos colegas, ainda que hoje me seja difícil recordar os motivos. Esse processo contínuo de relacionamentos bons e ruins sendo criados e desfeitos faz parte da vida profissional moderna.

Muitos de nós passam muitas horas no trabalho, cercados por outras pessoas, de forma que é natural que relações próximas surjam. Para muitos, os laços pessoais que formamos são grande parte do que dá sentido ao trabalho. Não preciso gostar de todo mundo que trabalha comigo, mas se não gostar de ninguém vai ser difícil durar muito. E não estou sozinho ao defender isso: estudos sobre amizade no ambiente de trabalho revelaram que fazer amizades reduz significativamente a rotatividade dos funcionários.[3] Os colegas muitas vezes nos mantêm em um emprego tanto quanto o salário.

Essas amizades não apenas tornam o trabalho mais divertido, mas, como Buda ensinou, são uma importante fonte de apoio. Um estudo recente descobriu que "relações positivas no trabalho são energizantes, tanto física quanto emocionalmente",[4] e impactam não apenas nossa produtividade, mas nossa saúde física. Quase tudo no trabalho fica melhor se você gosta das pessoas à sua volta.

Nem todo mundo trata as amizades no trabalho do mesmo modo. Homens e mulheres, por exemplo, parecem se relacionar com isso de maneiras um pouco diferentes. Em um estudo neozelandês, mulheres pareceram tirar "maior apoio social e emocional de seus amigos", enquanto homens tratavam essas relações como mais "funcionais".[5] Mas amigos costumam ser considerados importantes para empregados de todos os gêneros.

No entanto, pode haver algumas desvantagens em fazer amizade no trabalho. Talvez a mais óbvia seja a distração. Quase por definição, uma amizade no escritório se estende para além das exigências práticas do trabalho, e há momentos em que o fardo de apoiar um amigo pode tirar nosso foco de maneira significativa.[6] Provavelmente todos tivemos a experiência de um amigo que quer falar sobre uma crise em seu relacionamento ou um problema de família quando precisamos nos concentrar em um prazo que está se aproximando.

As amizades no trabalho também podem ser excludentes ao criar barreiras para outros funcionários. As temidas "panelinhas" ainda encontradas em muitas empresas e indústrias são a mais famosa manifestação desse lado mais sombrio da camaradagem no ambiente de trabalho.[7] E, embora relações de trabalho positivas possam ajudar a trazer alegria e realização, relações negativas com colegas muitas vezes fazem o oposto. Uma equipe de pesquisa descobriu que "relações de trabalho corrosivas são como buracos negros que esgotam os recursos psicológicos".[8]

Como acontece com muito do que é discutido neste livro, a chave é prestar atenção e fazer escolhas conscientes. Estabeleça relacionamentos no trabalho baseados em apoio e cuide deles. Identifique as relações que parecem tóxicas e faça o que puder para encerrá-las. Se as amizades são uma parte importante do motivo de você se manter em um trabalho, garanta que elas sejam saudáveis. E lembre-se de que formar laços com novos colegas é algo inevitável na maioria das carreiras.

Nenhuma discussão sobre trabalho e relacionamentos estaria completa sem tocar na questão romântica. Conheço muitos casais felizes que se conheceram no trabalho, mas sair com colegas é perigoso, para dizer o mínimo. Quando se tem um desentendimento com alguém conhecido na internet ou em uma ocasião puramente social, em geral existe a opção de nunca mais ver essa pessoa ou ouvir falar dela. Quando isso acontece no trabalho, talvez vocês tenham que continuar se encontrando todos os dias. Vocês podem precisar fazer um turno juntos ou trabalhar em um mesmo projeto. Um de vocês pode acabar sendo chefe do outro mais para a frente. Nem sempre todo o contato poderá ser cortado, não importa quão mal as coisas se passem – nem de uma parte nem da outra. Isso pode causar sérios problemas no ambiente profissional e acabar com alguém sendo transferido ou até demitido. E, historicamente, as coisas tendem a terminar pior para as mulheres do que para os homens, infelizmente.[9]

Além disso, sempre há o risco de investidas amorosas indesejadas no trabalho, sobretudo (embora não de maneira exclusiva) direcionadas às mulheres. De acordo com um estudo conduzido por dois pesquisadores da Universidade Cornell, "a probabilidade de mulheres relatarem terem sido perseguidas por alguém em quem não estavam interessadas era muito maior".[10] Os pesquisadores também descobriram que, independentemente de gênero, o responsável pela investida subestimava enormemente quão difícil era para seu alvo dizer "não". A dinâmica do ambiente profissional é complicada, e uma proposta que talvez fosse fácil recusar em uma festa ou em um bar pode parecer um fardo ou uma armadilha no escritório. Em parte devido a esses mal-entendidos *muito* frequentes, os pesquisadores descobriram que "o limite entre o galanteio romântico e o assédio sexual nem sempre é evidente".[11] E ninguém quer ultrapassar esse limite.

Então, se você sentir que precisa fazer uma proposta romântica a alguém no trabalho, tome cuidado. Faça a proposta uma única vez e seja muito claro. Um almoço ou um café no meio do expediente não são um encontro e não sinalizam interesse romântico. Uma sugestão ambígua de encontrar fora do expediente para discutir algo relacionado ao trabalho tampouco vai fazer bem a alguém. Se vai chamar alguém com quem trabalha para sair, simplesmente chame, sem relacionar isso ao trabalho.

A regra mais importante é: não é não. É mais fácil dizer do que fazer isso, mas não há espaço para persistência romântica no trabalho. Para evitar problemas, é melhor aceitar qualquer coisa que não seja um "sim" bem evidente como um "não". Lembre-se de que dizer não a um colega é *difícil* – provavelmente muito mais do que você pensa. Por favor, não obrigue a pessoa a fazer isso duas vezes. Se seguiu meus conselhos até agora, deve ter evidenciado seu interesse. Caso seu colega mude de ideia um dia e se dê conta de que vocês dois são perfeitos um para o outro, tenho certeza de que vai fazer com que você saiba disso.*

* Sei que esse conselho vai contra a trama de basicamente todas as comédias românticas que se passam no ambiente de trabalho, mas ainda assim você deve segui-lo.

É muito mais seguro cultivar amizades do que um romance no trabalho – e, como Buda provavelmente diria, mais gratificante a longo prazo. Em uma das lições recordadas por Ananda, ele diz a Buda que metade da vida santa se resume a "boa amizade, boa companhia e boa camaradagem".[12]

"Não exatamente, Ananda", Buda responde, isso não está totalmente certo. "*Toda* a vida santa."

CAPÍTULO 17

Melhor no equilíbrio que Buda

PELOS PADRÕES MODERNOS, BUDA ERA AINDA PIOR COM RELACIO-namentos e como pai do que em manter um trabalho. Pelo menos ele nunca *tentou* ter um emprego. Mas tentou tanto se casar quanto ser pai e fracassou espetacularmente em ambos, abandonando a esposa e o filho bebê para prosseguir em sua busca espiritual.

Buda evitou a questão moderna do que costumamos chamar de "equilíbrio entre vida e trabalho" ao renunciar a ambas as coisas. E ele fez isso por um simples motivo: achou que seria mais fácil. Para você talvez a vida monástica pareça difícil, mas para Buda era mais fácil do que tentar lidar com tantas demandas diferentes. Como um estudioso resume, Buda compreendia "as dificuldades que qualquer um em meio às preocupações cotidianas encontraria no caminho para a evolução interior".[1] Como o próprio Buda colocou: "a vida doméstica é confinamento", enquanto a vida monástica "é um espaço aberto".[2]

Mas esse é um ponto no qual eu encorajaria você a mirar mais alto que Buda. É possível fazer mais do que isso.

Desde o princípio do budismo, nem todo mundo estava disposto a seguir o exemplo de Buda nesse sentido ou se sentia capaz de fazê-lo.

Muitos pais e mães, maridos e esposas que ele ensinou não desejavam abandonar a família como Buda havia feito. Para eles, como para a maioria de nós, encontrar algum tipo de equilíbrio era uma necessidade. O abandono não era uma opção.

Equilibrar a vida profissional e a vida familiar não é fácil. Envolve escolhas difíceis. Na minha experiência, o único jeito de fazer isso dar certo é aceitar essas escolhas, até mesmo abraçá-las, em vez de tentar evitá-las, como Buda fez.

Não gosto de falar em encontrar o equilíbrio entre vida e trabalho porque isso sugere uma dicotomia – trabalho e vida – que na verdade não existe. O trabalho faz parte da vida, e a vida é composta de muitas partes, que precisam ser equilibradas. Além da carreira e da vida pessoal, também precisamos equilibrar sono e vigília, atividade e descanso, amigos e família, interação social e solidão. Equilibrar o tempo que passamos dentro e fora do trabalho é só uma das muitas trocas que precisamos fazer – e não necessariamente a mais difícil ou a mais importante.

Isso pode ser difícil, porque a vida é curta e onde passamos nosso tempo faz muita diferença. Na época da faculdade, meu amigo Bill e eu nos interessamos em Go, um jogo de tabuleiro um pouco parecido com xadrez que surgiu na China e se espalhou pela Coreia e pelo Japão. Compramos livros a respeito e jogamos algumas partidas juntos. Mas Bill logo começou a levar o jogo bastante a sério. Ele encontrou um jogador profissional na cidade e começou a ter aulas semanais. Participou de torneios e até viajou para o Japão para estudar o jogo. Eu não fiz nada disso. Hoje, é provável que Bill jogue mais partidas em uma semana comum do que eu joguei a vida inteira. Trinta anos depois de termos ambos descoberto esse jogo, ele está se tornando um mestre, enquanto eu permaneço um novato. Não sei se Bill tem mais talento para Go do que eu – não parecia ser o caso a princípio –, mas ele dedicou *muito* mais tempo a isso, o que fez toda a diferença.

Grande parte do desafio de equilibrar trabalho e vida doméstica é que nossa carreira pode se parecer muito com aprender Go. Quão longe vamos é em parte resultado de quantas horas nos dedicamos – ou pelo menos até certo ponto. Às vezes há rendimentos decrescentes (mais a respeito em breve), mas passar menos tempo trabalhando e mais tempo fazendo outras coisas, o que inclui constituir uma família, costuma implicar custos reais.

Tive tanto um emprego quanto uma família na maior parte da minha vida adulta. Quando meus filhos eram bebês, eu ficava com eles no primeiro horário. Isso significava acordar às 4h da manhã, todos os dias. Quando estavam alimentados e vestidos, eu às vezes os levava a um café para não fazer barulho em casa. Eu sabia quais abriam às 6h, quais abriam às 6h30 e quais abriam às 7h. Essa programação tinha grande impacto no meu trabalho. Parei de trabalhar de casa basicamente porque não conseguia – quando estava lá, toda a minha atenção era sugada pela vida doméstica. Eu nunca trabalhava até tarde, porque ficava exausto depois de ter acordado tão cedo. Quando meus filhos cresceram e começaram a ir para a escola, eu os deixava lá todos os dias às 9h, antes de ir para o trabalho, e estava de volta em casa às 18h, para jantarmos todos juntos. Quando precisava viajar a trabalho, não podia cumprir essa programação, mas essa era a única exceção. Isso afetou meu trabalho. Se alguém queria marcar uma reunião às 8h30 ou às 17h30, eu recusava educadamente. Eu ficaria surpreso em descobrir que fiz mais do que dez exceções a essa regra em dez anos. E quando meus filhos estavam em uma peça ou iam fazer uma festinha de aniversário no meio do dia, eu saía mais cedo por causa do trabalho que isso exigia também.

Quando olho para atrás, percebo que essas limitações que impus à minha vida profissional tiveram um custo real. Como mencionei, nossas conquistas no trabalho estão em parte relacionadas a quantas horas dedicamos a ele, e eu dedicava menos horas do que algumas pessoas à minha volta. Algumas das reuniões que perdi eram importantes, e minha ausência teve consequências. Mas, ao fim, na maior parte do tempo fui capaz de compensar isso de algumas formas e não tenho nenhuma reclamação quanto ao meu progresso na carreira. Tenho certeza de que cometi muitos erros no caminho, mas de modo geral essas escolhas funcionaram para mim. Posso não ser tão bem-sucedido em termos materiais quanto poderia ter sido se passasse mais horas no escritório. Mas sou bem-sucedido o bastante.

Agora meus filhos já são adolescentes. O mais velho saiu de casa para fazer faculdade. Eles não precisam de tanta atenção quanto antes – e certamente não querem. Isso me deixa com tempo para fazer outras coisas à noite e nos fins de semana – incluindo me dedicar a projetos pessoais (como este livro!), mas às vezes também cumprir tarefas do trabalho. Hoje, minhas sextas-feiras são menos estressantes, porque sei que posso tirar um pouco do atraso no sábado ou no domingo. E tenho mais tempo para pensar no fim de semana do que quando estou tentando enviar um último *e-mail* entre duas reuniões ou antes de ir para casa, o que ajuda. Ficou mais fácil chegar mais cedo no escritório ou trabalhar até mais tarde. De modo geral, sou muito mais flexível quanto a quando e onde trabalho do que quando meus filhos eram mais novos, o que provavelmente ajudou a acelerar minha carreira nos últimos anos.

Esses problemas muitas vezes são apresentados como afetando principalmente as mulheres, em especial as mães, o que não me parece ser verdadeiro. Pesquisas recentes apoiam minha experiência. A professora Erin Reid, da Escola de Administração da Universidade de Boston, descobriu que "problemas com demandas de devoção ao trabalho não são apenas um problema para mães ou para mulheres"; na verdade, a maioria dos trabalhadores vive esse conflito.[3] Todos sabemos que há mais na vida do que trabalhar, e todo mundo que conheço se esforça para encontrar o equilíbrio.

Não há respostas fáceis. Os momentos em que estive mais satisfeito com esse equilíbrio foram quando eu amava minha vida profissional, amava minha vida em casa e não me cansava de nenhuma das duas. Os momentos em que estive menos satisfeito foram aqueles em que um lado ou ambos não iam muito bem. Tenho certeza de que as escolhas que faço agora e fiz no passado não pareceriam perfeitas a ninguém mais. E imagino que meu próprio equilíbrio continue a mudar nos anos que virão.

Como discutimos no capítulo sobre a respiração, trabalhar sem parar não é bom para a nossa carreira. O corpo e a mente são como baterias e vão sendo consumidos ao longo da jornada de trabalho.[4] Temos que nos desapegar com o intuito de nos restaurar e fazer nosso melhor trabalho no dia seguinte. Como um estudo descobriu: "pensamento contínuo no trabalho quando se está em casa tem uma desvantagem evidente", porque dificulta a recuperação do estresse do ambiente profissional.[5]

Também há rendimentos decrescentes relacionados a trabalhar mais e mais horas por dia. Tanto sua produtividade quanto sua saúde podem ser prejudicadas. Uma vez, no começo da minha carreira, trabalhei por quarenta horas sem parar com a intenção de me preparar para uma feira e simplesmente desmaiei, o que não foi bom para ninguém. No entanto, dentro do razoável, trabalhar mais pode significar conquistar mais, e essas conquistas podem ser recompensadas.

Meu conselho é fazer escolhas conscientes. A probabilidade de encontrar o equilíbrio perfeito pode ser baixa, mas a probabilidade de deparar com ele por puro acaso deve ser zero. Prestar atenção nas escolhas que as pessoas à sua volta fazem ajuda – não para julgá-las, mas para perguntar a si mesmo o que essas escolhas significam para você. Aprendi com o exemplo dos outros e ainda aprendo. Vejo que muitas pessoas de sucesso têm uma vida significativa e gratificante fora do trabalho, cheia de interesses, experiências e relacionamentos em que investem muito e de que desfrutam. Para mim, isso é encorajador e espero que seja para você também.

Um equilíbrio saudável parece mais fácil se você está feliz com o restante das suas escolhas de vida, não só com as referentes ao trabalho. Se você ama o que faz e ama o tempo que passa em casa, então naturalmente vai acertar no equilíbrio. Seus incentivos estarão alinhados. Se você está infeliz e sofre com o tempo gasto em um ou em outro, é muito mais difícil considerar bem suas escolhas. Às vezes, é melhor focar em ser tão feliz quanto possível em ambos os lados, em vez de tentar chegar a um equilíbrio perfeito.

Também devemos nos lembrar de que buscar e encontrar esse equilíbrio é uma bênção – e um privilégio. Por grande parte da história humana, trabalhar foi uma questão de subsistência e sobrevivência. Com frequência tínhamos pouca escolha a fazer. Isso ainda é verdade em muitos cargos menores e de menor *status*.[6] Se você tem algum controle sobre quando e quanto trabalha, já é uma pessoa de sorte.

Escolher quanto tempo você devota às várias atividades pelas quais se interessa na vida nem sempre vai ser fácil. Ainda assim, tente fazer com que essa escolha seja *sua*. Decida o que é importante para você e se dedique de acordo. Tente não deixar que o trabalho – ou qualquer pessoa – tome essa decisão por você.

Esse conselho se aplica a mais do que apenas trabalho. Como discutimos no primeiro capítulo, Buda descreveu muitas bênçãos na vida, coisas que "trazem bem-estar e felicidade ao mundo todo".[7] Entre elas estavam aprender durante toda a vida, passar tempo com os amigos, encontrar um lar, sustentar a família, ajudar os outros e, sim, ter uma ocupação honesta.

Às vezes, o desafio de equilibrar o trabalho e a vida em família, em particular, é apresentado como uma questão moral. Parece *errado* que alguém que dedica mais tempo à sua família seja menos bem-sucedido no trabalho do que alguém que não o faça. Parece injusto. E *é* injusto, de certo modo. Também é injusto que uma pessoa que não passa tanto tempo com a família simplesmente *não passe tanto tempo com a família*. Essa pessoa está perdendo inúmeras experiências ricas e significativas, e sua família está perdendo tempo de qualidade com alguém que pode ser um membro vital e muito querido seu.

No fim, temos um tempo limitado na terra para buscar todas as nossas paixões, não só trabalho e família, mas também exercício, *hobbies* e outros interesses, além de nossa prática espiritual. Não se pode ter tudo, uma vez que, sempre que passamos tempo fazendo uma coisa estamos deixando outra de lado. Equilibrar exige não só escolhas deliberadas, mas trocas conscientes. Mas isso não significa que não possamos fazer muita coisa ao mesmo tempo ou que não possamos considerar a mistura resultante algo satisfatório e gratificante. Cabe a nós fazer cada momento valer.

Um texto fundamental da escola soto zen de budismo chamado *Sandokai*, ou "A harmonia entre a diferença e a unidade", termina com o seguinte pedido: "Não desperdice tempo".[8] Esse provavelmente é o melhor conselho.

CAPÍTULO 18

Você não é seu trabalho

TALVEZ VOCÊ QUEIRA SE SENTAR DURANTE A LEITURA DESTE CAPÍTULO, porque tenho uma notícia que pode ser difícil de ouvir. Entre os muitos *insights* de Buda, um pode parecer meio maluco.

Você não existe.

Para deixar claro, Buda não quis dizer que nada existe. Ele não estava dizendo que o mundo todo é um sonho ou uma ilusão. Não estava querendo falar que todos vivemos na Matrix. Ele pensava em algo um pouco mais sutil que isso.

O corpo físico que a maioria das pessoas considera "você" é real. Se jogam uma bola de basquete na direção da sua cabeça, ela vai rebater, e não passar direto. Só que esse corpo não é realmente seu. Nada é. E se nada realmente pertence a você, então talvez não exista essa coisa de "você".

Imagine que você tem um carro e substitua uma das rodas. Provavelmente dirá que ainda é o seu carro. Mas e se substituísse as quatro rodas? Ainda pareceria seu carro. Mas e se, durante a noite, alguém substituísse cada peça do seu carro por peças de outros carros. O carro ainda seria seu? Não é como se outro carro estivesse estacionado no mesmo lugar?

Mas, se esse não é mais seu carro, quando foi que deixou de ser? Quando a primeira parte foi substituída? Não pode ser, senão teríamos um carro "diferente" toda vez que trocássemos o filtro de óleo. Então quando a última peça foi trocada? Também não pode ser – senão qualquer carro que tivesse recebido aquela última peça seria o seu. E se levasse dez anos para substituir todas as peças – como o carro iria se tornar magicamente de outra pessoa naquele último dia?

Mas e se o carro com peças novas não é seu carro e não conseguimos apontar o momento específico em que deixou de ser seu carro, então talvez ele nunca tenha sido seu. O conceito de "seu carro" é só isso – um conceito, uma ideia. Não é *real* no sentido mais profundo. Na verdade, não existe uma parte que essencialmente constitui seu carro. Um zen budista diria que seu carro é *vazio* – não querendo implicar que não tem passageiros, mas que não há algo essencial nele que o torna seu.

Agora pense em si mesmo há cinco ou dez anos – ou até antes, se for mais velho. Talvez você não tenha literalmente substituído peças (e talvez tenha!), mas ainda assim seu corpo já não é o que costumava ser. Células vieram e se foram. Os átomos que constituem a matéria física da sua pele e dos seus ossos foram trocados por outros. Suas ideias são diferentes também. Suas lembranças são diferentes. Sua personalidade provavelmente também mudou. E esperamos que você tenha amadurecido com os anos. Talvez tenha até ficado mais paciente. Ou talvez menos – acontece às vezes. Talvez esteja mais feliz. Talvez sinta mais raiva. Mas uma coisa é certa: você não é o mesmo.

Agora enfrentamos o mesmo dilema do caso do carro. Se tantas partes suas mudaram, em que sentido você é o mesmo *você*? E se você não é mais o mesmo, talvez nunca tenha sido exatamente *você*.

Esse é o paradoxo essencial descoberto por Buda – que as pessoas são "vazias", tanto quanto os carros.* Tudo a nosso respeito está sempre mudando. E como qualquer coisa que está tão sujeita a mudança constitui a essência do nosso ser?[1] No entanto, se não existe algo imutável que defina nosso verdadeiro eu, talvez o eu não exista.

Então, quando Buda diz que você não existe, não quer dizer que seu corpo ou que sua mente não existem. Ambos existem. Ele só quer dizer que, examinando de perto, não tem um *você* aí dentro. E, sempre que você olha para dentro, vai ver algo um pouco diferente.

Vamos voltar ao mundo do trabalho. Muitos de nós sentem que são definidos pelo emprego, pela carreira. Definimos outras pessoas assim também. A primeira coisa que perguntamos quando conhecemos alguém muitas vezes é: "O que você faz?". No entanto, nosso trabalho está sempre mudando, como peças de carro ou as células de nosso corpo. Pode alguém estar fazendo *o mesmo* trabalho que fazia há dez anos? Há cinco anos? No ano passado? Como? O mundo muda rápido demais. Os clientes mudam. A concorrência muda. A tecnologia muda. Leis e regulamentações mudam. Empresas inteiras e indústrias inteiras vêm e vão. Alguma coisa continua igual?

A resposta sincera para "O que você faz?" seria diferente a cada ano, talvez a cada dia. No entanto, como algo que muda com tanta frequência pode nos definir?

Talvez você ainda não tenha aceitado o ensinamento de Buda de que não existe um *você*. Tudo bem – é um conceito difícil e estranho,

* Buda não mencionou carros, lógico. Mas, como ele ensinou que todas as coisas eram vazias, carros estariam incluídos nisso também.

com toda a certeza. Mas mesmo que esteja seguro de que há um *você* essencial, que é constante apesar de todas as inevitáveis mudanças – de toda a troca de peças –, isso não pode ter nada a ver com o seu trabalho. Você pode ser demitido amanhã. Pode se demitir. A empresa pode ir à falência. Seu chefe pode pirar. Essas coisas acontecem! Aconteceram comigo. Se o que constitui *você* pode sobreviver a anos e anos de mudanças físicas e mentais, não pode depender de quem paga o seu salário.

Você não é o seu trabalho. O que quer que *você* seja, definitivamente não é isso.

E, se você não é o seu trabalho, então seus colegas tampouco são o trabalho deles. É importante ter isso em mente quando nos envolvemos em uma discussão no trabalho. Em tais momentos, um colega pode parecer apenas um obstáculo para você fazer o que está tentando fazer. Mas, independentemente de quão frustrante ou incompetente a outra pessoa possa parecer, esse não é o eu real dela. Ela não é definida por seu trabalho tanto quanto você não é.

É em parte por isso que nunca podemos deixar que discussões no trabalho se tornem pessoais.* Qualquer colega é um ser humano tanto quanto você. Mesmo que se conheçam muito bem, você provavelmente não tem ideia do que de fato se passa dentro dele. A pessoa do outro lado da discussão pode ter acabado de perder um amante ou um amigo. Pode estar cuidando de uma criança ou de um parente doente. Ou pode ter se esquecido de fazer um intervalo para o almoço. O que quer que esteja acontecendo, pode ter certeza de que é mais do que você consegue

* Outra razão é que isso nunca termina muito bem. As pessoas têm propensão muito maior a chegar a um acordo quando suas ideias são criticadas, e não elas próprias.

ver. A vida dos outros é tão complicada quanto a sua, e o ambiente de trabalho é só uma parte pequena de uma tapeçaria intrincada.

Quando nos definimos por nosso trabalho, convidamos todo tipo de sofrimento. Nos preparamos para inúmeras decepções quando as coisas dão errado na carreira. Nos apegamos demais ao emprego e vivemos com medo de nos desapegar. Buda ensinou que a raiz do sofrimento não são apenas as coisas óbvias, como ganância e ódio, mas também as ilusões. E a ilusão de que somos o que fazemos é especialmente perigosa.

Se não somos nosso trabalho, e quanto a todas as nossas outras identidades?

Budistas vêm lidando com essa questão há um longo tempo. Como a mestre zen angel Kyodo Williams escreveu, a proclamação de Buda de que "todo ser humano, independentemente de casta, raça, credo ou nascimento, tem dentro de si o potencial de despertar" permanece um éthos radical.[2] Despertar é, de muitas maneiras, o campo em que estamos mais nivelados. No entanto, nossa unidade inerente, os atributos básicos que temos em comum, não apaga nossas diferenças.Todos levamos para o trabalho um histórico único de sofrimento – o qual para muitos de nós está ligado às categorias de raça, sexualidade e gênero. O mestre zen Zenju Earthlyn Manuel explica que essa unidade não é o mesmo que "uniformidade".[3] O fato de que todos os carros estão vazios não torna Hondas iguais a Fords. E nós também temos nossas diferenças.

O ambiente profissional nunca foi igualmente acessível para todos – e a sanga budista também teve dificuldade em ser de fato inclusiva. O vazio do ser não muda essa triste história. No entanto, a constatação de que não somos nosso trabalho pode abrir espaço para que todas as outras identidades aflorem. Pode nos ajudar a ver aqueles que trabalham conosco como quem de fato são. Pode permitir que reconheçamos todas as dimensões do sofrimento humano e que as abordemos. Se você pertence a um grupo historicamente marginalizado, seu trabalho não substitui sua identidade. Você carrega sua identidade com você e tem tanto direito quanto qualquer outro de estar no ambiente profissional. Se você está entre os historicamente privilegiados, pode se comprometer a receber bem e valorizar seus colegas na personificação completa de seu ser. Esse é o coração da mensagem radical de Buda: todas as coisas são possíveis, independentemente da nossa forma.

CAPÍTULO 19

Lidando com distrações

O MUNDO É CHEIO DE DISTRAÇÕES. E, EMBORA TENHA SE ENCHIDO MAIS e mais de distrações nos últimos tempos, esse não é de modo algum um problema novo. Como Alex Pang, futurista e autor *best-seller*, escreveu em seu excelente livro *The Distraction Addiction*: "Humanos sempre tiveram que lidar com distração e falta de foco – e, há milhares de anos, vêm desenvolvendo técnicas para abordar ambas de maneira efetiva".[1]

Vou confessar algo desde já: me distraio *muito* facilmente. Se vou a um restaurante em que há televisão, não consigo evitar ficar olhando. Se ouço alguém conversar na mesa ao lado, perco o fio da meada da minha própria conversa. Se pego o celular para ver que horas são, talvez não volte a guardá-lo por uns bons dez minutos.

Em outras palavras, foco não é algo fácil para mim. Preciso fazer um esforço. Anos atrás, eu costumava levar meu *laptop* para reuniões, pensando que seria eficiente verificar meu *e-mail* em momentos menos importantes. Então percebi que nem prestava atenção nas pessoas à minha volta, e às vezes a reunião acabava e eu nem me dava conta de que precisava me levantar e ir embora. Agora deixo o *laptop* na minha mesa – e tento manter o celular no bolso.

Celulares são uma enorme fonte de distração, está evidente. Estudos revelaram que seu uso "aumenta o tempo de reação, reduz o foco e diminui o desempenho" em qualquer coisa que exija concentração.[2] É por isso que, em qualquer estimativa, o celular contribui com quase um quarto de todos os acidentes de trânsito.[3]

O problema é que somos muito, muito piores em fazer várias coisas ao mesmo tempo do que pensamos. Não importa o que dizemos a nós mesmos: "Só uma quantidade limitada de informação pode ser recebida em dado momento".[4] Podemos pensar que estamos cumprindo meia dúzia de tarefas ao mesmo tempo, mas na verdade só passamos de uma a outra de maneira muito pouco eficiente, interrompendo nossa concentração repetidamente.

Buda dava muito valor à concentração, e muitos de seus ensinamentos sobre meditação descrevem como chegar aos estados de concentração mais profundos, que ele chamava de "absorções".[5] Mas não é preciso ser experiente na contemplação ou na ioga para entender o valor disso. Todos já nos pegamos alguma vez completamente absorvidos em uma atividade. Na psicologia popular, essa absorção total costuma ser chamada de "fluxo" e pode ser definida como um "estado subjetivo que as pessoas relatam quando estão completamente envolvidas em algo, a ponto de se esquecer do tempo, do cansaço e de tudo além daquela atividade em si".[6] Pode ser uma experiência muito agradável – assim como extremamente produtiva. Mas é bastante frágil.

A distração é a inimiga do fluxo. O mero toque de um celular – não o seu, o de outra pessoa – é suficiente para interromper a concentração de maneira mensurável. Em um estudo, alunos cuja aula foi interrompida pelo toque de um celular depois se saíram piores em um teste do que aqueles que assistiram à mesma aula sem nenhuma interrupção.[7]

Fazer várias tarefas ao mesmo tempo é uma distração promovida por nós mesmos. Passar de uma coisa a outra interrompe nossa memória de trabalho, de maneira que só piora com a idade.[8] Em um estudo canadense, alunos que usavam *laptop* durante a aula se saíram pior em um teste posterior – o que talvez não seja muito surpreendente. Mas mesmo aqueles sem *laptop* que se sentaram perto das telas ficaram tão distraídos que tiveram notas 17% mais baixas que os outros.[9] Como Santideva, grande monge budista indiano, colocou: uma mente distraída "não é adequada a nenhum trabalho".[10]

Então o que fazemos com todas essas distrações? Meditar ajuda. As pessoas tendem a pensar que o objetivo da meditação é esvaziar a mente e se tranquilizar, mas essa não é a história toda. Na verdade, meditar tem mais a ver com o que acontece quando paramos de meditar. Uma grande parte do motivo pelo qual praticamos atenção plena em um cômodo silencioso e livre de distrações é para que possamos recorrer a essa habilidade em um escritório barulhento, quando estamos cercados por colegas falando sem parar. Colocar toda a atenção na respiração fortalece nossa habilidade de nos concentrar no dia a dia, assim como levantar peso na academia fortalece nossos músculos e permite que ergamos coisas pesadas em outros lugares.

Você também pode se ajudar cortando distrações desnecessárias sempre que possível. Deixe seu celular de lado – de preferência em um lugar em que não consiga vê-lo. Programe o momento de verificar o *e-mail* ou o Twitter, para não ficar checando o aparelho o tempo todo. Feche janelas que não está usando no navegador. Ou fique totalmente *off-line*. Há aplicativos que registram sua atividade *on-line* e até mantêm você sem rede por algumas horas – experimente, se precisar. Talvez seja bom sair da sua mesa caso acredite que vá ser interrompido ali. Permita-se passar mais tempo – uma hora ou mais – desconectado e focado em uma tarefa específica.

Quem trabalha em casa lida com desafios especiais quando se trata de distração, porque tem a vida inteira à sua volta enquanto tenta trabalhar. Se possível, crie um espaço que seja exclusivo para o trabalho – mesmo que precise montá-lo e desmontá-lo todos os dias. Se costuma trabalhar na mesa da cozinha, só trabalhe ali – sente em outro lugar para almoçar, de modo a não ficar tentado a trabalhar e comer ao mesmo tempo. (Mais a respeito disso no próximo capítulo!) Tente manter separadas as tarefas do trabalho e as da casa e reserve tempo para todas. Quando chegar a hora de começar a trabalhar, nada de lavar a louça ou arrumar a sala, como seria se você tivesse que ir para o escritório. Se houver mais gente em casa enquanto você trabalha, sobretudo crianças, é ainda mais importante criar um espaço à parte para você – e, é lógico, ainda mais difícil. Seja honesto consigo mesmo sobre o que pode assumir e não se torture tentando fazer muitas coisas ao mesmo tempo se sua vida doméstica exige muito de sua atenção.

É possível, sim, tirar proveito de fazer duas coisas ao mesmo tempo.[11] Como não conseguimos fechar os ouvidos da mesma maneira como fechamos os olhos, nosso cérebro parece ter evoluído de modo a lidar com distrações auditivas de maneira diferente das visuais. É por isso que muitas pessoas preferem trabalhar com música tocando, por exemplo. (Minha filha costumava dizer que estudava melhor com a TV ligada, mas ela só a ouvia, sem olhar para a tela.) Eu não consigo trabalhar com fone de ouvido, enquanto muitos de meus colegas ficam ouvindo música na maior parte do dia, mas gosto de ter conversas de trabalho enquanto caminho – assim me concentro melhor no que os outros falam do que se estivéssemos sentados a sós em uma sala. Citando Alex Pang de novo: "Esse tipo de coisa estimula o fluxo", em vez de interrompê-lo.[12]

No fim, é preciso encontrar padrões que funcionem para você. Quando estou escrevendo, gosto de ter todos os meus livros espalhados à minha volta, em uma disposição que parece caótica e incômoda para muitas pessoas. (Tenho seis livros abertos ao alcance da minha mão neste exato momento.) Mas é assim que me concentro melhor. Prefiro trabalhar em silêncio na maioria dos casos, mas gosto de ouvir música ou um bom *podcast* enquanto estou lavando a louça ou dirigindo. Em reuniões, tento ao máximo não pegar o celular – porque sei que, se estiver com ele, minha concentração irá para o espaço.

Seus padrões de concentração podem ser diferentes. Descubra quais são eles. Preste atenção na sua atenção – quando você está concentrado e quando não está. Note coisas que estimulam e interrompem seu fluxo ao longo do dia. Tente não ficar alternando o tempo todo entre tarefas.

O mestre zen moderno Shunryu Suzuki disse uma vez a seus alunos americanos: "Vocês têm um ditado sobre matar dois coelhos com uma cajadada só, mas nós matamos um único coelho com uma única cajadada".[13] Não quero que você mate nenhum coelho, mas acho que será muito mais produtivo se focar em um único por vez.

CAPÍTULO 20

Pensando no almoço

BUDA CONSIDERAVA A COMIDA O SUSTENTO ESSENCIAL DA VIDA,[1] E EU concordo com ele. Poucas coisas são tão importantes para sua saúde quanto como e o que você come. Escrevi um livro inteiro em parceria com minha amiga Tara Cottrell sobre alimentação baseada nas regras de Buda para monges e monjas.[*] Inúmeros outros escreveram seus próprios livros sobre alimentação, dieta e nutrição.

Mas, se tivesse que escolher uma única regra relacionada a comida e trabalho, seria esta: não coma na sua mesa.

Acredite ou não, Buda se preocupava mais com *como* e *quando* seus discípulos comiam do que com *o quê*. Muita gente hoje acredita que Buda era vegetariano, mas não, ele não era. Sua filosofia era basicamente a de que a cavalo dado não se olha os dentes, de modo que ele comia o que quer que as pessoas lhe oferecessem a cada dia.

Mas Buda não fazia outra coisa enquanto comia.

Infelizmente, fazer uma pausa de verdade para o almoço é cada vez mais raro. Em 2016, o *New York Times* estimou que 62% dos profissionais

* *Dieta de Buda* (São Paulo: VR, 2020).

americanos almoçavam na mesa do escritório.[2] Você não deveria ser uma dessas pessoas. Digo isso não porque faça sujeira e seja pouco higiênico, embora também seja. Um estudo da Universidade do Arizona descobriu vírus da gripe em 47% das mesas de escritório,[3] mais do que na maioria dos banheiros. O que indica que talvez fosse melhor comer no assento da privada. Os mesmos pesquisadores descobriram que os germes das mesas de trabalho são os que mais contribuem para a disseminação de doenças contagiosas.[4] Comer na mesa de trabalho com certeza é nojento, mas não é nem com isso que estou preocupado. A escolha é sua.

Quando Buda instruiu seus seguidores a comer "com a atenção focada na tigela",[5] não era por preocupação com a higiene. Ele queria que seus monges prestassem atenção no que comiam. Queria que praticassem uma alimentação consciente, em vez de comer sem consciência. Buda considerava as refeições uma forma de meditação.

Talvez isso pareça um luxo inimaginável para você. Estamos tão condicionados a fazer várias coisas ao mesmo tempo que para alguns a ideia de não fazer nada além de comer, mesmo que por apenas alguns minutos, pareça quase algo preguiçoso. Mas não é. Sabemos que fazer um intervalo de vez em quando pode te deixar mais produtivo, e não menos. O almoço é literalmente a oportunidade perfeita de colocar isso em prática.

Você não precisa tirar uma hora inteira para o almoço – mas eu tento fazer isso sempre que possível. Trinta minutos é o bastante para que a maioria de nós não precise engolir a comida, e até vinte minutos podem servir. (Em geral reservo uma hora inteira para o almoço no meu calendário diário, considerando que provavelmente vou usar parte desse tempo para compensar algum atraso no trabalho e que, ainda assim, vai me sobrar tempo para comer em paz.)

Como acontece com outros intervalos, a chave para fazer um almoço que restaure suas energias de verdade é assumir o controle do seu próprio tempo. Se gosta de socializar com os colegas, convide-os para se juntar a você no almoço. Se acha bater papo exaustivo – como muitas pessoas acham[6] –, encontre um lugar tranquilo para comer sozinho. Se puder sair para a rua, é melhor.[7] A única regra é parar de trabalhar para comer.

Buda não defendia comer com consciência apenas como uma ferramenta útil para a meditação – ele também via nisso benefícios para a saúde. Há uma história sobre um rei acima do peso que chegou bufando de esforço para visitá-lo de tão cheio que estava, depois de ter comido um balde cheio de arroz com *curry*. Buda deu uma olhada nele e recitou o seguinte verso:

Quando um homem está sempre atento,
E aplica a moderação no que come,
Suas doenças então diminuem
Ele envelhece mais devagar, guardando sua vida.[8]

O rei ficou tão impressionado com a ideia de comer com consciência que contratou um jovem cortesão para recitar aquele verso para ele antes de cada refeição. Então, comendo com consciência, ele se tornou "bastante magro", de acordo com as escrituras. Como o estudioso e monge Bhikkhu Anālayo resume: "Como resultado de ser sempre lembrado da necessidade de comer com consciência, o rei superou sua tendência a comer demais e perdeu peso de modo gradual".[9]

Não posso prometer que fazer um intervalo para o almoço vá resolver todos os problemas de peso do mundo, mas estudos modernos confirmaram repetidamente que a atenção plena é uma parte importante de qualquer dieta.[10] Quando prestamos atenção no que comemos, fazemos escolhas alimentares melhores. Tendemos a comer mais saudável e a comer menos.

Esse conselho se aplica aos lanches também. Resista à tentação de pegar um punhado de M&Ms quando passar pela recepção ou de comer batatinha enquanto termina um relatório. Se ficar com fome entre duas refeições, coma. Mas faça isso deliberadamente. Reserve cinco minutos para se sentar em outro lugar e comer as batatinhas. Pense no que está comendo. Pare quando não estiver mais com fome. Coma para sustentar seu corpo, não para passar o tempo.

Como estamos discutindo comida no trabalho, também precisamos mencionar a bebida – mais especificamente a alcoólica. Beber no trabalho tem um histórico longo e cheio de anedotas (como qualquer fã da série *Mad Men* pode atestar), quase sempre negativas (de novo, como qualquer fã da série *Mad Men* pode atestar).

Não deve ser surpresa, assim, o fato de que há amplas evidências de que o álcool contribui para muitos problemas no ambiente de trabalho.[11] Quase tudo nesse sentido é negativo. Beber no trabalho leva a menor produtividade, problemas de saúde e maior incidente de má conduta de todo tipo. Um estudo conduzido por catorze anos na Europa descobriu que pessoas que bebem excessivamente correm maior risco de perder o emprego, o que "resolve" o problema da bebida para o empregador, mas cria uma série de outros desafios para esses indivíduos na sociedade como um todo.[12]

Álcool é um ponto sobre o qual Buda não pareceu concordar com um meio-termo. Ele era totalmente contra, simples assim. Buda proibiu seus monges e monjas de beber qualquer "licor intoxicante" ou usar drogas recreacionais e desencorajou fortemente os leigos a incorrer nessas práticas também. Ele listou seis perigos específicos do consumo de álcool: "diminuição da riqueza, aumento das discussões, uma série de doenças, má reputação, exposição do próprio corpo e enfraquecimento do intelecto".[13] Tudo isso pode ser um problema no trabalho – em especialmente na festa de Natal da firma.*

Se decidir beber, meu conselho é de que mantenha isso tão distante do trabalho quanto possível. Você pode tomar uma taça de vinho em um evento de trabalho à noite, mas qualquer coisa a mais do que isso ou qualquer coisa durante o dia é implorar por confusão. E, se você nunca teve um período longo de abstinência na vida adulta, considere experimentar. Fui parando de beber gradualmente quando tinha trinta e poucos e descobri que era muito mais feliz sem o álcool na minha vida. Você também pode vir a ser.

O mais importante é não deixar que comer ou beber se tornem distrações no trabalho. O almoço é o momento perfeito para fazer um intervalo, recarregar as baterias mental e física e praticar a atenção plena, nem que seja apenas por alguns minutos. Não deixe essa oportunidade passar engolindo um sanduíche ou uma salada enquanto tenta fazer um milhão de outras coisas.

* Sim, a "exposição do próprio corpo" realmente acontece, e não é bonito de ver.

CAPÍTULO 21

Quem Buda demitiria?

MUITAS PESSOAS NO AMBIENTE DE TRABALHO MODERNO UM DIA ACAbam se tornando algum tipo de supervisor ou gestor. De acordo com dados da Agência de Estatísticas Trabalhistas dos Estados Unidos, cerca de 12% dos trabalhadores americanos estavam em "posições gerenciais" em 2017.[1] Colocando isso em perspectiva, é consideravelmente mais do que *todas* as pessoas que trabalham com saúde – médicos, dentistas, enfermeiros e afins – somadas. Mais pessoas do que as que trabalham com alimentação ou produção industrial. Essa porcentagem aumenta conforme ficamos mais velhos e ganhamos experiência, o que talvez não seja surpresa, de modo que é de 14% para trabalhadores com mais de 45 anos. E esse número só cresce. O gerenciamento é um dos maiores campos da economia moderna e um dos que crescem mais rapidamente.

Buda não era um chefe. Nunca contratou e nunca demitiu ninguém. Então, quer você seja um supervisor recém-empossado ou um executivo experiente, ele pode não parecer uma fonte óbvia de aconselhamento. Mas Buda criou a sanga budista, uma comunidade de monges e monjas que vivia segundo determinadas regras, e deu algumas lições interessantes que serviriam para qualquer gestor dos dias de hoje.

Não está totalmente claro quais eram as regras na época de Buda, mas quando elas foram recompiladas e registradas havia *muitas* – de acordo com uma conta, 227 para monges e 311 para monjas.* Quando falamos sobre essas regras hoje, é comum mencionar o que é permitido e o que é proibido. Podemos dizer que aos monges era proibido mentir, roubar ou comer depois do meio-dia.** E isso é verdade em certo sentido, embora não seja muito preciso. A proibição exige certa autoridade. Pais talvez proíbam os filhos de comer doce demais ou de ficar acordados até tarde e podem fazer isso porque estão *encarregados* deles (mais ou menos). Buda não acreditava ter esse tipo de autoridade. Ele não era um rei ou um mestre cuja palavra era a lei. Era só um sujeito explicando como o mundo funcionava.

O que Buda dizia é que certas ações têm certas consequências. Esse é o princípio do carma, ou de causa e efeito. Na cabeça dele, grande parte consistia em uma simples lei natural. Se você solta uma bola, ela cai no chão – quer você acredite nisso ou não. A gravidade não exige que você acredite na autoridade de quem quer que seja – ela exerce sua força nos crentes e nos que não creem da mesma maneira. De modo análogo, Buda via o carma como reflexo de consequências naturais – de ações e reações. Como ele explicou: "Fale ou aja com a mente corrompida, e o sofrimento o seguirá, como a roda da carroça segue os cascos do boi".[2]

* As diversas escolas budistas modernas observam regras um pouco diferentes, mas todas as seitas "tradicionais" (em geral chamadas de terevada) têm mais regras para mulheres que para homens. Alguns argumentam que na época de Buda isso era necessário para que as mulheres fossem aceitas, porque a igualdade de gênero era impossível. Em muitas escolas budistas modernas, homens e mulheres observam as mesmas regras e são tratados como iguais. O San Francisco Zen Center, por exemplo, teve muitas abadessas nos últimos anos.

** *Dieta de Buda*, livro sobre alimentação e saúde que escrevi em parceria, surgiu de uma investigação dessa regra aparentemente estranha.

As regras monásticas foram moldadas como uma extensão disso. Para monges e monjas, certas ações têm consequências que talvez não tenham para os leigos. As infrações mais sérias implicam expulsão da sanga. Como a sanga original era celibatária, o sexo recaía nessa categoria: quem quebrasse o voto de celibato estava efetivamente tomando a decisão de deixar a comunidade. Mas há apenas um punhado de proibições absolutas entre as centenas de regras. (Minha regra favorita é a de não alegar ter poderes sobrenaturais.) As consequências de violar as outras duzentas e tantas regras variavam de uma espécie de período de "condicional" a uma simples confissão pública.

A sanga toda se reunia regularmente para recitar as regras e confessar quaisquer desvios. Então todos sabiam o que podiam e não podiam fazer. "Por que ninguém me falou que eu não podia dizer que tinha poderes sobrenaturais" não era uma desculpa aceitável, portanto. Nos monastérios tradicionais, ainda hoje as regras são expressas claramente, desde o começo, e repetidas com frequência.

Vamos contrastar isso com a maioria dos ambientes de trabalho. Pode haver um manual do funcionário, mas duvido que alguém o leia. E em geral esse tipo de coisa não é muito específico. As regras costumam ser imprecisas, e as consequências de quebrá-las são no máximo vagas. "Sanções e até término do contrato" é uma descrição de consequência comum – um jeito bem corporativo e pouco útil de dizer que qualquer coisa pode acontecer.

A abordagem de Buda era muito diferente. Ele era específico quanto a que ações tinham que consequências. Também era consistente. Seguia suas próprias regras.

Provavelmente não é possível seguir esse modelo à perfeição no ambiente de trabalho moderno. O jurídico não vai querer que você enumere cada má ação e cada consequência, e o departamento de recursos humanos provavelmente seria contra todo o ritual de confissão pública na lua cheia. Mas dá para chegar perto disso.

Se você é um gestor, pode começar deixando suas expectativas tão evidentes quanto possível. O que você quer que seus funcionários façam? Para a maioria das pessoas, isso é mais difícil do que parece. Se você não está acostumado a gerenciar, pode ser esquisito ou mesmo parecer rude dar instruções diretas a alguém. Notei que novos gestores às vezes tentam dar instruções como se fossem sugestões. "Talvez você pudesse tentar isto", por exemplo. Muitos novos chefes não querem parecer mandões. Alguns nem se preocupam em dar instruções, convencidos de que é mais educado e empoderador deixar que os funcionários descubram o que se espera deles sozinhos.

Mas a ambiguidade raramente empodera. Em geral, só confunde.

Isso não significa que você precisa controlar tudo. Diferentes funcionários precisam de níveis diferentes de instruções, e Buda sempre sugeria que adaptássemos nossos métodos ao nosso público. A um marceneiro experiente, você pode dizer: "Faça uma mesa". Com um novato, talvez você precise começar explicando como escolher e preparar a madeira e até explicar a diferença entre um parafuso e um prego. Mas note que o que importa aqui é de que nível de detalhe o funcionário precisa, não o que é mais confortável para o chefe. Em suas regras monásticas, Buda proíbe "a fala evasiva e causar frustração",[3] que é exatamente o que fazemos quando não compartilhamos as informações necessárias com os funcionários.

Se alguém que trabalha para você está fazendo algo errado, faça com que saiba disso. E seja franco quanto às consequências se a pessoa não começar a agir de outra maneira. Provavelmente não será uma conversa fácil, mas ela é muito necessária. De novo, devemos a nossos funcionários sinceridade e clareza.

Às vezes nos sentimos relutantes em falar negativamente sobre quem quer que seja, mesmo nossos próprios funcionários, por que querermos ser legais. Isso é compreensível e razoável. Como discutimos, o próprio Buda ensinou que era importante falar "com uma mentalidade de bondade amorosa".[4] Mas ele também colocava grande ênfase na sinceridade e não via esses dois princípios como um conflito. Não é bondoso ser insincero com seus funcionários, mesmo com a melhor das intenções. Eles merecem um *feedback* honesto. Se não estiverem se saindo bem, um *feedback* honesto é a única maneira de melhorar.

Uma vantagem de apresentar todas as regras em termos cármicos é que não há componente moral nisso. As regras e consequências não têm nada a ver com o valor de um ser humano. Buda nunca disse que o monge mais correto era mais digno que um que estava prestes a perder seu *status*. Não se trata disso. É por isso que a regra budista contra matar se aplica à pena de morte[5] – porque toda vida tem valor, e isso não muda nem quebrando as regras mais sérias.

Mas algumas ações são simplesmente incompatíveis com a vida monástica, assim como as habilidades ou o temperamento de algumas pessoas podem ser inapropriados para um cargo em particular. Não é maldade demitir essas pessoas – é mais como ajudá-las a encontrar uma posição que lhes sirva melhor.

Ao mesmo tempo, é importante ser sincero consigo mesmo. Como falhamos nessa situação? Como podemos melhorar? Em vez de focar exclusivamente nos erros dos outros, Buda pede que consideremos "o que você próprio poderia ter feito ou não ter feito".[6]

Então, quem Buda demitiria? Qualquer pessoa que tivesse feito algo cuja consequência apropriada seria a demissão. Ele iria se certificar de que todos entendessem as consequências desde o início e de que soubessem que ações levariam a elas. Buda não faria com que a pessoa se sentisse mal pela transgressão ou pelo erro, tampouco faria com que pensasse que valia menos por conta daquilo. Desejaria o bem à pessoa e a trataria com bondade e respeito em todos os momentos.

CAPÍTULO 22

Indo embora

EM 2013, STEVE LEVITT, COAUTOR DE *FREAKONOMICS*, REALIZOU UM EXperimento audacioso.[1] O economista pediu a pessoas que estavam enfrentando dificuldades para tomar uma decisão que se inscrevessem em um *site* e permitissem que ele tomasse a decisão por elas com base no cara ou coroa.* Ao fim do experimento, 22.511 pessoas haviam se inscrito, com dilemas que iam desde como terminar um relacionamento ou pedir alguém em casamento a algo tão trivial quanto tingir ou não o cabelo ou deixar ou não a barba crescer. Levitt pediu que depois preenchessem um questionário, revelando se haviam seguido o "conselho" do cara ou coroa e estimando sua felicidade dois meses e seis meses depois.

No fim das contas, nem todo mundo estava disposto a permitir que o acaso ditasse suas escolhas. Mas 63% dos participantes seguiram a decisão, incluindo mais da metade dos que consideravam mudanças importantes.

Muitos dos resultados coincidem com o que nossa intuição talvez nos diga quanto a tais decisões. Pessoas que perguntaram se deviam

* Ele não jogava de fato uma moeda para o alto: um computador escolhia aleatoriamente entre cara e coroa.

gastar mais com supérfluos estavam menos felizes dois meses depois no caso de a moeda ter dito que sim, mas depois de seis meses não havia uma diferença discernível, o que sugere remorso a curto prazo sem nenhum efeito negativo a longo prazo. Pessoas que iniciaram uma dieta como resultado do experimento pareceram ter a experiência oposta, se sentindo felizes após dois meses e neutras após seis.*

A questão mais comum levantada no experimento de cara ou coroa de Levitt foi uma bem importante: devo largar meu emprego?

Se você leu este livro até aqui, sabe que largar um emprego nunca vai resolver todos os seus problemas. Mas isso não significa que nunca seja a decisão certa. E, no experimento de Levitt, largar o emprego teve *de longe* o resultado mais positivo sobre a felicidade relatada pelas pessoas seis meses depois. Elas se consideraram em média *cinco pontos acima* em uma escala de felicidade que ia de um a dez. Como ir de um deprimente três para um extasiante oito.

O que isso nos diz? Como Levitt colocou, esse trabalho sugere que tendemos a ter "um viés substancial contra a mudança quando se trata de importantes decisões de vida".[2] Especificamente, somos preconceituosos em relação a grandes mudanças quando, na verdade, "Aqueles que fazem uma mudança relatam não estar piores depois de dois meses e estar muito melhores depois de seis". Ele conclui que "Máximas como 'Vencedores nunca desistem e quem desiste nunca vence', embora sejam bem-intencionadas, na verdade podem oferecer conselhos muito ruins".

Em outras palavras, às vezes quem desiste vence.

* Possivelmente porque os efeitos da maior parte das dietas são de curta duração. Leia *Dieta de Buda* para saber mais sobre o motivo pelo qual isso acontece.

Para ser claro, mudar de emprego nem sempre é a decisão certa. Outra pesquisa sugere que a satisfação profissional aumenta imediatamente depois de uma mudança de emprego, mas então volta a cair com o tempo.[3] Em muitos casos, a raiz de nossa infelicidade é muito mais profunda que o trabalho.

Como acontece com muitas decisões importantes, é vital ser objetivo no que diz respeito às suas motivações. Decisões que surgem das "raízes nocivas" da ganância, do ódio ou da desilusão[4] provavelmente não serão boas.

Então quais seriam boas razões para mudar de emprego? Buda sentia que certos trabalhos deviam ser evitados porque pareciam intrinsecamente ligados ao sofrimento – como comercializar armas, seres humanos, carne, intoxicantes e venenos.[5] Podemos estender isso a qualquer trabalho que prejudique diretamente outras pessoas ou o meio ambiente. Buda também desencorajou seus seguidores de qualquer forma de prever o futuro ou de seguir profissões baseadas no engodo.[6] É lógico que cabe a você a interpretação dessas diretrizes. Buda sugeriu evitar a atuação, porque lhe parecia uma espécie de enganação.[7] Hoje, a indústria do entretenimento está bem estabelecida e é bem compreendida, então a nós pareceria estranho considerar a atuação uma mentira. Por outro lado, seria possível argumentar que Hollywood propaga visões pouco saudáveis e talvez desonestas do mundo – então talvez possa ser vista como uma mentira, no fim das contas.

A maior parte dos trabalhos atuais parece recair em uma área cinzenta – bom para o mundo de algumas maneiras e ruim de outras. Meu trabalho com alta tecnologia certamente não é exceção – ajudar os outros a se conectar e a se comunicar pela internet permite espalhar mensagens positivas, mas também negativas. Publicar um livro pode ser útil para os leitores, mas consome recursos naturais preciosos. Mesmo quando eu ensinava inglês a refugiados desesperados no Sudeste Asiático, algumas pessoas sentiam que nossa presença ali encorajava famílias vulneráveis a se arriscar a fugir de seu país quando poderia ser mais sensato ficar. Nunca teremos um ponto de corte evidente para julgar qualquer trabalho meu ou seu como bom ou mau. Temos que chegar às nossas próprias conclusões.

Hoje, muitos de nós levam bastante tempo para escolher a carreira certa. Tive uma série de empregos aleatórios antes de entrar para a indústria da tecnologia e passei mais de uma década como engenheiro de *software* antes de descobrir a ciência de dados. Não publiquei meu primeiro livro até bem adentrado nos quarenta anos. Tudo bem tentar algumas coisas diferentes ao longo da vida e ser honesto consigo mesmo sobre talvez ter feito a escolha errada – ou sobre quando a escolha que foi certa em determinado momento do passado já não é mais.

Às vezes, não somos os melhores juízes de nossos próprios talentos. Converse com pessoas que conhecem bem tanto você quanto seu trabalho. Tente obter uma avaliação honesta das suas forças e fraquezas. A princípio, Buda não achou que seria um bom professor. Ele estava errado! No passado, achei que podia trabalhar como modelo no Japão.* Eu também estava errado! Às vezes, os outros nos veem mais claramente do que nós mesmos.

E não se trata apenas de escolher uma profissão. Dentro de qualquer área há uma variedade de empresas, cargos e chefes. Mesmo a mais humanitária organização pode contar com um tirano, que faz com que

* É sério.

todos os seus funcionários sejam infelizes. Grandes carreiras também podem dar em um beco sem saída. O melhor motivo para mudar de emprego é reduzir o sofrimento – incluindo o seu.

É lógico que, como discutimos no capítulo anterior, nem toda mudança de emprego é voluntária. Tente manter as diretrizes de Buda em mente também se você for demitido. Buda não achava o desemprego vergonhoso e era grande defensor da moralidade de *não* trabalhar. Perder um emprego pode ser doloroso e assustador e representar dificuldades bastante reais. Mas não está de modo algum relacionado a seu valor intrínseco.

Um dos principais ensinamentos de Buda foi o de que nada dura para sempre. Nosso emprego e nossa carreira não são exceções. Não importa o que você faça, a maior parte de nós não vai morrer no emprego que tem agora. Isso significa que, em determinado ponto, será hora de seguir adiante. De acordo com a Agência de Estatísticas Trabalhistas, o americano médio de cinquenta anos teve cerca de uma dúzia de empregos desde os dezoito anos – metade deles entre os dezoito e os 24![8]

Para a maioria de nós, mudar de emprego – e até mesmo de carreira – é inevitável. E isso é bom! É bom ter várias experiências ao longo da vida. Como Buda colocou: "Assim como podem ser feitas muitas guirlandas com um monte de flores, você, em sua vida mortal, deve fazer muitas coisas hábeis".[9] A pesquisa de Levitt sugere que, coletivamente, somos um pouco avessos demais ao risco quando se trata dessas transições. Em outras palavras, o momento de fazer uma mudança pode vir antes do que você imagina.

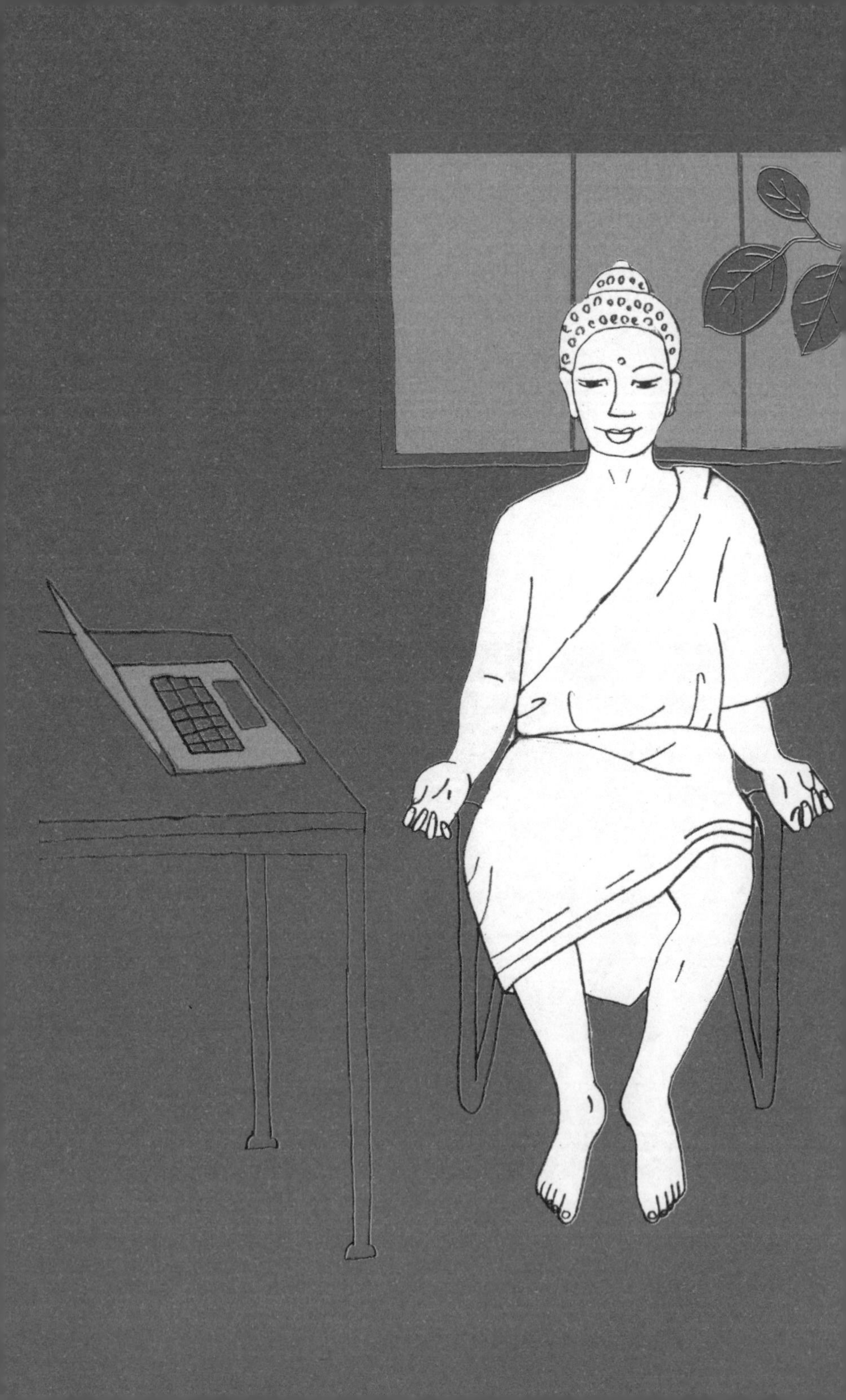

PARTE 4:

PERFEIÇÕES

CAPÍTULO 23

Dados e darma

BUDA NÃO DESCOBRIU A MEDITAÇÃO, A ATENÇÃO PLENA E O RESTO do seu caminho em um único dia. Ele passou seis anos experimentando outras práticas e estudando com outros professores. Sendo sincero, algumas coisas que ele fez parecem maluquice. Ele segurou o ar por tanto tempo que seus ouvidos explodiram, e até mesmo os deuses imaginaram que ele tinha morrido.[1] (Por sorte, estavam errados.) Buda tentou fazer jejum extremo, reduzindo suas refeições diárias até consumir apenas um pingo de sopa o dia todo. Ele ficou tão magro que seus braços pareciam galhos secos e a pele de sua barriga tocava a coluna.[2]

Buda estava tentando fazer a mesma coisa que todos nós: interromper o sofrimento. Ele queria ser feliz. E estava disposto a fazer qualquer coisa para conseguir. Ele viajava qualquer distância para aprender com qualquer professor. Nada parecia implausível demais para não valer a tentativa.

No fim, Buda não rejeitou os extremos malucos que envolviam jejuar, sufocar e afins porque eram difíceis demais. Ele os abandonou porque não funcionavam.

Buda acreditava em dados. Sempre que tentava alguma coisa, prestava atenção. Reunia evidências. Ele descobriu o que funcionava e o que não funcionava em sua experiência. No segundo caso, Buda seguia em frente. Sem choramingar ou reclamar. Só seguindo os dados.

Quando ele finalmente despertou – quando se tornou Buda –, insistiu para que mantivéssemos seus padrões em relação a seus ensinamentos. Ele não queria que ninguém tivesse fé em suas palavras. Buda queria que testássemos o que dizia por nós mesmos e aprendêssemos com nossa própria experiência. "Não siga a tradição oral, a linhagem de ensino, os boatos, as escrituras reunidas", ele alertou em uma lição.[3] Em outra passagem, Buda explicou: "Algo pode ser totalmente aceito pela fé e, ainda assim, vazio, oco e falso; mas algo também pode não ser totalmente aceito pela fé e, ainda assim, factual, verdadeiro e inconfundível".[4]

Em outras palavras, acreditar não torna nada verdadeiro.

Você deveria aplicar esse mesmo ceticismo a tudo neste livro. Incluí inúmeros estudos e histórias aqui de modo que você possa aprender com dados reunidos por outras pessoas. Mas reúna os seus também! Veja o que funciona para você. Veja o que não funciona. Experimente com sua própria vida, assim como Buda experimentou com a dele. Aprenda com seus sucessos e com seus erros.

E continue fazendo perguntas difíceis quando for para o trabalho. Uma das coisas que mais gosto de me perguntar quanto estou assistindo a uma apresentação no escritório é: "Por que você acredita nisso?". Não digo isso para iniciar uma discussão – embora às vezes as pessoas achem que é o caso –, mas por uma curiosidade verdadeira. Às vezes, há bons indícios para o que quer que seja que a outra pessoa está reivindicando. Mas às vezes não. Com frequência, os funcionários aceitam determinadas premissas baseados na fé e pedem de maneira implícita que eu faça a mesma coisa. Isso pode levar a um modo de pensar em massa bastante perigoso, em que ninguém se dá conta de que a estratégia é baseada em uma suposição não comprovada.

Por outro lado, a situação oposta acontece com mais frequência do que se imagina. As pessoas nem sempre se dão conta de quanto já sabem. Colegas às vezes querem voltar a estudar uma questão para a qual tenho certeza de que já temos a resposta – ou pelo menos uma resposta boa o bastante. Muitas vezes procuramos por certeza em coisas que são inerentemente incertas e não conseguimos identificar quando sabemos o bastante para seguir em frente.

Ilustrando de maneira simples, imagine que perguntassem a você o número aproximado de habitantes dos Estados Unidos.* Talvez você se lembre de ter visto essa informação em algum lugar, mas, se não for o caso, sua primeira resposta pode muito bem ser: "Não faço *a menor* ideia". Você diria que seria preciso procurar.

Mas, se fizer uma pausa por um momento, é provável que não seja verdade que você não faz a menor ideia. Talvez você se lembre vagamente de que a China tem cerca de um bilhão de habitantes (na verdade, tem um pouco mais). E você está quase certo de que tem menos gente nos Estados Unidos do que na China, então sabe que está falando de menos de um bilhão de pessoas. Já é algo!

Talvez, como eu, você more na Califórnia e tem quase certeza de que esse estado tem cerca de 40 milhões de pessoas (na verdade, tem um pouco menos). É lógico que os Estados Unidos não se restringem à Califórnia, de modo que agora você sabe que sua população é de mais de 40 milhões. Isso também já é algo!

* E vamos presumir que façam isso no meio do deserto de Utah, sem que você tenha acesso ao Google, à Wikipédia ou a qualquer outra fonte óbvia.

Podemos ser um pouco mais específicos? Acabamos de estipular que os Estados Unidos não se restringem à Califórnia, mas quão maior o país é? Será que metade de seus habitantes vive na Califórnia? Não pode ser! Talvez um quarto? Se fosse assim, poderíamos dividir os outros 49 estados (além de Washington D.C.) em apenas três grupos, e cada um deles não seria maior que a Califórnia. Isso também não parece certo. Existem só duas ou três grandes áreas urbanas na Califórnia e muitas outras em todos os outros estados. Será que ela representa 10% da população americana então? Isso significaria ser possível dividir os outros estados em novo grupos do tamanho da Califórnia – o que parece um pouco mais provável. Devem existir alguns focos populacionais como a Califórnia no nordeste, talvez um no sudeste, um no Texas, alguns no meio-oeste e um no noroeste. Talvez seja possível chegar a nove.

Se a Califórnia representa 10% dos Estados Unidos, então a população total deve ser de cerca de 400 milhões. Não é uma estimativa ruim! (O número certo está perto de 327 milhões de pessoas.) Provavelmente bastaria para satisfazer quem quer que tivesse feito a pergunta a você.

Nesse exemplo, começamos acreditando que não fazíamos a menor ideia. Mas sabíamos algumas coisas: tínhamos uma estimativa das populações da China e da Califórnia e uma noção do tamanho dos Estados Unidos em relação a outros lugares. Pode não parecer muito, mas acabou se provando o bastante.

Quando alguém me faz uma pergunta difícil, costumo me questionar sobre qual é a melhor resposta que posso dar no momento. Às vezes, não consigo responder. Mas, em outros casos, com alguma reflexão, me dou conta de que sei *alguma coisa* que pode ajudar. Desde que eu esteja aberto em relação às limitações dessa resposta inicial, não há mal nenhum em compartilhá-la. Afinal, uma estimativa grosseira às vezes é tudo de que precisamos.

Buda pediu que confiássemos nos dados. Não podemos fazer isso a menos que saibamos que dados já estão disponíveis.

Você pode pensar nisso como o outro lado da mentalidade do principiante. Temos que aceitar e até abraçar o que não sabemos, mas também precisamos ser muito claros quanto ao que sabemos de fato. Devemos evitar a arrogância de assumir que sabemos tudo ou de insistir que não sabemos nada. Caso se pegue acreditando em um desses extremos, saiba que provavelmente você estará errado. A realidade quase sempre é algo no meio-termo.

É tão importante ser honesto consigo mesmo quanto com as pessoas à sua volta. Faça-se perguntas difíceis, sobre a vida *e* o trabalho. Teste suas respostas ao compará-las com as evidências. Preste atenção nos dados que têm à mão e aprenda com tudo o que tentar. Não deixe que a arrogância voluntária ou a fé cega o afastem de seu caminho.

CAPÍTULO 24

Vivendo no momento

HÁ UM RISCO ENVOLVIDO EM TUDO O QUE FALAMOS SOBRE ESFORÇOS E objetivos, experimentos e dados. Podemos esquecer quão maravilhoso é simplesmente estar vivo.

Faça uma pausa por um momento e considere o milagre de apenas estar aqui, agora, talvez lendo este livro. Tantas coisas poderiam ter impedido isso de acontecer! A existência de vida por si só exige um conjunto complexo e improvável de circunstâncias. Há inúmeras maneiras pelas quais sua própria vida poderia ter se extinguido antes. Não importa com quantos anos você esteja, muitos morreram antes de chegar à sua idade. O simples fato de estar aqui *neste* momento é um grande feito. Mas é fácil se esquecer disso quando se está tendo um dia ruim.

Alguns trabalhos são chatos. Mesmo o mais legal que você possa imaginar em geral envolve chatice pelo menos de vez em quando. Todos temos tarefas mundanas ou desagradáveis para concluir. Às vezes me pego em reuniões às quais gostaria de poder faltar ou fazendo relatórios que duvido que alguém vá usar. Há dias em que o sol da Califórnia pede que eu vá caminhar ou nadar, e eu estou preso dentro do escritório, lidando com uma crise menor.

No entanto, não existe trabalho sem esforço mental – ou pelo menos não existe trabalho que só possa ser feito sem esforço mental. As tarefas mais básicas e rotineiras se prestam bem à meditação. Monges budistas são famosos no Japão por fazer tarefas aparentemente vazias, como cavar a areia em torno dos templos de Kyoto, com total presença e atenção.

Quando tenho dificuldade de me concentrar em uma reunião, fico tentado a pensar em todas as coisas que preferiria estar fazendo enquanto conto os minutos até a hora em que poderei ir para outro lugar. (Era isso que eu fazia também nas aulas de francês no ensino médio.) Mas procuro fazer o oposto disso. Procuro focar em onde estou. Às vezes olho em volta e tento ver cada pessoa como ela realmente é. Procuro notar a expressão no rosto de cada um – quem está tenso, quem está feliz, quem está irritado. Tento ver a cor de seus olhos. Às vezes fico surpreso com como as pessoas são bonitas – pessoas comuns – quando de fato prestamos atenção nelas. Cada um é um ser humano completo, com uma vida tão rica e variada quanto a minha. Cada um enfrenta as mesmas questões básicas que eu – e as mesmas questões básicas que Buda enfrentou. Todos querem ser felizes.

Quando começo a prestar atenção nas pessoas, não consigo evitar prestar atenção na reunião também.

Todos temos dias ruins. Todos ficamos bravos com o chefe de vez em quando, ou com colegas, ou com clientes. Todos temos momentos em que gostaríamos de estar em outro lugar. Mas, em vez de encarar isso como uma deixa para se perder em fantasias, tente encontrar algo bom naquele exato momento. Não precisa ser grande. Talvez você odeie seu novo trabalho, mas ame sua cadeira. Talvez adore a roupa que está usando. Talvez curta o som do teclado conforme digita ou da voz de um colega simpático. E, se consegue encontrar algo que ame neste momento, talvez possa encontrar algo que ame no próximo também. Porque a vida é assim: um momento após o outro.

Onde quer que esteja agora, faça um experimento: feche os olhos (quando terminar de ler este capítulo) e fique ouvindo tudo o que conseguir. Tente não julgar os barulhos, classificá-los ou mesmo identificá-los – só fique ouvindo. Se conseguir deixar de lado sua mente judiciosa, verá que há tanta música no barulho do tráfego pesado quanto no murmúrio de um rio. Enquanto escrevo isto, posso ouvir o zumbido constante da geladeira, o barulho suave da água fervendo na chaleira, o tique-taque fraco do meu relógio e um ou dois pássaros rebeldes cantando lá fora. Cada um desses sons tem uma beleza sutil.

Tente encontrar esses vislumbres de beleza em todos os momentos. Muito da vida profissional parece conspirar contra isso. Estamos sempre sendo empurrados de uma tarefa para a outra, enquanto pensamos em todo o resto que temos para fazer. O mestre zen vietnamita Thich Nhat Hanh explica: "Muitas vezes ficamos tão ocupados que nos esquecemos do que estamos fazendo e de quem somos".[1] No entanto, podemos resistir a cair na inconsciência e na distração. Tudo o que temos a fazer é estar exatamente onde estamos neste momento. Como Thich Nhat Hanh continua a dizer: "Quando nos acomodamos no momento presente, podemos ver belezas e maravilhas bem diante de nossos olhos".[2]

Muitos de nós experimentam esse esquecimento muito mais no trabalho do que em qualquer outro lugar. Pensamos no trabalho como o que fazemos quando não temos escolha. Mas, em todos os momentos, temos escolha. Mesmo em meio à mais cansativa ou irritante tarefa, podemos escolher estar presentes, prestar atenção. Quer seja cavando areia, preenchendo planilhas, reabastecendo a cozinha ou dobrando malhas, podemos fazer uma pausa para apreciar o milagre de estar aqui agora.

CAPÍTULO 25

Servindo a todos os seres sencientes

CONFORME O BUDISMO CONTINUOU A SE ESPALHAR PELA ÁSIA E A SE DE-senvolver, um novo ramo emergiu e floresceu, chamando a si mesmo de mahayana, ou "grande veículo". Seus professores acreditam que nossa tarefa aqui na terra não é apenas realizar nosso próprio despertar, mas também ajudar outros com o deles. Eles juraram não partir deste mundo para o nirvana até que todos pudessem ir. Portanto, de acordo com a tradição mahayana, cada um de nós tem apenas um trabalho de verdade, que é chamado de voto bodisatva: salvar todos os seres do sofrimento.

Parece fácil, não?

Evidentemente não é fácil. Mas pode não ser tão difícil quanto você pensa.

Há muitos modos de ajudar os outros. Você não precisa ser médico ou enfermeiro. Não precisa viajar para alguma terra destroçada pela guerra. Não precisa viver entre os pobres ou os doentes. Não há nada de errado em fazer essas coisas, lógico, e algumas pessoas podem sentir que essa é sua vocação.

Mas o sofrimento não envolve apenas dor e privação. Nem é isso *na maior parte*. A riqueza material e o conforto aumentaram astronomicamente desde a época de Buda, mas o problema do sofrimento não cessou. As raízes do sofrimento são muito mais profundas que o físico, de modo que o voto bodisatva se estende muito além de oferecer conforto e apoio materiais.

O próprio Buda não dedicou sua vida a alimentar os pobres. Pelo contrário, ele esperava que os pobres o alimentassem. Pedia comida todas as manhãs, mesmo nos vilarejos mais humildes, e só comia o que os locais lhe davam. Esse ritual pode ser visto em países budistas até hoje. Monges e monjas recebem comida daqueles à sua volta – e nunca, de modo geral, o contrário.*[1]

Buda não fazia isso porque achava que merecia. Ele apenas sentia que o maior serviço que podia oferecer eram seus ensinamentos. Quando as antigas escrituras budistas falam em "compaixão", não se trata de ajudar os outros no sentido em que costumamos pensar – é inteiramente no contexto de ajudar as pessoas a despertar e ver o fim de seu próprio sofrimento. Buda tornou esse o trabalho de sua vida.

De novo, não estamos dizendo aqui que há algo de errado em se voluntariar para dar sopa aos pobres ou fazer uma doação para uma instituição de caridade. Porque não há. São coisas excelentes a se fazer.

Mas você pode ajudar a acabar com o sofrimento sem fazer qualquer coisa que se pareça com caridade. Sendo bondoso com todo mundo que encontrar. Oferecendo um sorriso ou um abraço a alguém em dificuldade.

* Há exceções. O professor budista americano Larry Yang conta que doava o que recebia a mais para trabalhadores imigrantes quando vivia como monge na Tailândia.

Falando a verdade a alguém que precisa ouvi-la. Personificando a calma em meio ao caos.

A maior parte dos trabalhos oferece inúmeras oportunidades como essas de cumprir o voto bodisatva. Às vezes em eventos dramáticos, como sendo bondoso com um colega com câncer ou com uma criança doente que corre risco de morte. Mas pode ser algo menos grandioso também. O importante é aproveitar as chances que se apresentam. Ainda me lembro da manhã em que fui entrevistado para meu último trabalho. Em um dia tão estressante, a recepcionista me cumprimentou com tanta simpatia e bondade que me tranquilizou no mesmo instante. Eu ainda agradeço a ela por isso de vez em quando, mesmo já tendo se passado três anos.

Quando vemos outras pessoas sofrendo, ficamos tentados a lhes dar as costas. É doloroso. Ver esse sofrimento nos faz sofrer também. Mas encarar o sofrimento é o cerne do voto bodisatva. Todo mundo com quem trabalhamos é um ser humano. Todos sofrem. Nenhum deles queria isso. E você pode ajudar.

Buda não queria ser um professor a princípio. Não foi para isso que ele deixou o palácio em que morava. Sua busca era por respostas para si mesmo quanto às grandes questões da vida. Depois de encontrar as respostas, ele ficaria feliz em atingir o nirvana sozinho. Buda não pediu para ser o herói ou o salvador de alguém. O que o fez ensinar e o manteve ligado a este mundo foi sua compaixão. Buda sentiu uma obrigação de ajudar os outros a encontrar sua própria libertação do sofrimento e ensinar lhe pareceu a melhor maneira de fazer isso.

Você pode encontrar o mesmo senso de propósito em seu trabalho. Cada pessoa que encontra na profissão é uma oportunidade de praticar a compaixão, de colocar os outros antes de você. Isso não significa que você deva ser um capacho. Ninguém deve se deixar pisar pelos colegas. Mas é preciso tratar cada um deles com respeito e até mesmo com amor. Como falamos antes, mesmo as mensagens mais difíceis podem ser entregues com bondade. Como Dalai-Lama disse: "O tema principal do budismo é o altruísmo baseado na compaixão e no amor".[2] O mundo do trabalho pode parecer um lugar estranho para praticar esse altruísmo, mas não é.

E não pare aí. Também há inúmeras oportunidades de ajudar as pessoas fora do trabalho. Um amigo meu ficou amigo de uma moradora de rua há anos e ainda paga para que ela possa ficar em um hotel de vez em quando, quando as coisas ficam difíceis. Uma amiga pagou um advogado especializado em imigração para seu cabeleireiro. Minha filha mais velha está sempre encontrando animais de estimação perdidos e devolvendo aos donos. Minha filha mais nova costumava levar comida a mais para o lanche na escola para um amigo que parecia estar sempre com fome. Nunca trabalhei como salva-vidas – não sei nadar bem o bastante –, mas uma vez tirei uma criança pequena da piscina porque me encontrava no lugar certo na hora certa e estava atento.[3] Às vezes, isso basta. Não importa o que faça para viver, você tem a chance de ser um bodisatva amador no tempo livre se prestar atenção também.

Talvez ninguém tenha pensado mais nessa prática do que Santideva, monge que escreveu um livro inteiro sobre o mahayana e foi seu precursor na Índia. O título de sua principal obra costuma ser traduzido, de maneira muito apropriada, como *Um guia para o estilo de vida bodisatva*.[4] No livro, ele resume o caminho assim: "Não se deve fazer nada mais do que é direta ou indiretamente para o benefício dos seres vivos".[5]

Leve essa missão para o seu trabalho, independentemente do que faça. Comprometa-se a usar cada interação como uma chance de fazer do mundo um lugar melhor. Prestando atenção em como tudo o que você faz afeta aqueles à sua volta, você não apenas irá ajudá-los, mas irá ajudar a si mesmo a despertar também.

CAPÍTULO 26

Você acabou de se tornar budista?

OS ESTADOS UNIDOS SÃO, EM MUITOS ASPECTOS, UM PAÍS BASTANTE religioso. Muitos americanos mantêm laços profundos com suas tradições religiosas – em particular cristãs, mas com minorias representativas e dedicadas de judeus, muçulmanos, hindus, budistas e outros.

Então, vamos dizer que você tenha lido este livro e concordado com tudo o que escrevi. (Obrigado!) Você acabou de se tornar budista?

Talvez você pense que todo mundo que concorda com a mensagem básica do budismo – em outras palavras, que todo mundo que acredite que o *budismo é verdadeiro* – teria que se qualificar de alguma forma como budista. No entanto, o autor e filósofo Robert Wright, que escreveu um livro com esse título,[1] não se considera budista.

E por quê? Wright explica suas razões da seguinte maneira:

"Não me considero budista porque o budismo tradicional tem muitas dimensões – ou crenças, ou rituais – que não adotei. Não acredito em reencarnação ou nas noções relacionadas ao carma e não me curvo diante da estátua de Buda quando entro em uma sala de meditação, muito menos rezo para ele ou para qualquer divindade budista. Me considerar budista, me parece, seria desrespeitoso com os muitos budistas, na Ásia e no mundo todo, que herdaram e sustentam uma tradição religiosa tão bonita e rica."[2]

Já eu tenho uma abordagem diferente. Me considero budista e me considerei a maior parte da vida. Até fui ordenado. De vez em quando, ponho minhas vestes budistas tradicionais e executo os mesmos rituais que os monges vêm executando em templos zen-budistas no Japão por milhares de anos e que agora são realizados em todo o mundo. Não acredito na reencarnação literal nem rezo para divindades budistas, mas me curvo para a estátua de Buda quando a vejo, por respeito ao professor original e a seus ensinamentos.

Mas chega de falar de mim e de outro filósofo que você nem conhece. E quanto a você? Acabou de se tornar um budista?

Evidentemente não posso responder a essa pergunta em seu lugar. Algumas pessoas encontram sustento e apoio na longa tradição da prática budista relacionada às ideias discutidas neste livro. Para elas, se identificar com essa tradição e se situar nessa linhagem é reconfortante e talvez ajude a desenvolver a prática da atenção plena. Afinal, embora ideias similares tenham ocorrido a pessoas de outras fés, a noção da atenção plena em particular e tudo relacionado a ela derivam da linhagem específica de professores que teve início com Buda há cerca de 2.500 anos. Quando aqueles dois comerciantes se tornaram os primeiros budistas, tudo o que fizeram foi encontrar refúgio nos ensinamentos de Buda. Talvez você também sinta que encontrou refúgio, consolo e inspiração neles.

Outras pessoas talvez mantenham uma forte ligação com a religião em que foram criados. Apesar de apreciar os ensinamentos de Buda, talvez você ainda acredite firmemente nos ensinamentos de Cristo,

Maomé ou outra figura importante externa ao budismo. Talvez você frequente uma igreja, um templo, uma sinagoga ou uma mesquita. Talvez continue rezando em casa.

Não tem nada de errado com nenhuma dessas escolhas. Há uma história nos sutras envolvendo um chefe de família chamado Upali que conhece Buda e se torna seu discípulo. Ele fica tão encantado com sua fé recém-descoberta que diz a Buda que, a partir de então, vai fazer doações apenas a ele e seus seguidores e nunca a seus professores espirituais anteriores. (Esses professores aparentemente eram jainistas, membros de outra religião indiana antiga.) Buda discorda: como a família de Upali há muito contribuía com os outros professores, ele devia continuar fazendo isso também.[3] Ele fica feliz em aceitá-lo como aluno, mas não vê motivo para que Upali se desvincule de seu passado.

O budismo não é uma fé que pede exclusividade ou que se desista de quaisquer outras crenças. O budismo não exige que você acredite em *nada*, na verdade. Como espero que já tenha descoberto, é muito mais uma questão de *fazer* coisas, de *praticar*, de ter experiências em vez de crenças e de prestar atenção nelas e em seus resultados. Você pode colocar rótulos budistas em suas práticas e experiências. Pode se chamar de budista e falar em iluminação e despertar em termos budistas. Ou não.

Este livro não tem a intenção de fazer com que você se converta. Meu objetivo era muito mais modesto – e, ao mesmo tempo, muito maior. A ideia inicial era ajudá-lo a usar alguns dos ensinamentos de Buda para ser mais feliz e sofrer menos – a princípio, no trabalho, mas também em qualquer outro lugar em que passa seu tempo. E não apenas momentaneamente feliz, mas feliz de verdade, de modo profundo – o que os budistas chamariam de despertar, que é exatamente a mesma coisa.

As técnicas que discutimos não parecem muito religiosas ou espirituais. Prestar atenção. Buscar o equilíbrio. Comer bem, dormir bem e se exercitar com regularidade. Estabelecer objetivos saudáveis. Trabalhar duro, mas não por tempo demais. Dizer a verdade. Ser bondoso.

A Buda não importaria se você é ou não um budista, por sinal. Ele só queria que você se tornasse Buda. E acho que você consegue.

Agora comece a trabalhar.

CAPÍTULO 27

Outras leituras

SE VOCÊ QUER APRENDER MAIS SOBRE BUDISMO, TENHO UMA BOA E uma má notícia. A boa notícia é que há *muitos* livros sobre budismo. A má notícia é que há *muitos* livros sobre budismo.

As escrituras budistas em si costumam ser bastante desafiadoras para o leitor moderno, mas *The Spirit of the Buddah* (New Haven, CT: Yale University Press, 2010), de Martine Batchelor, inclui uma vasta seleção apresentada de maneira clara e acessível e é uma excelente introdução, assim como *The Dhammapada* (Boston: Shambhala, 2006), de Gil Fronsdal, uma tradução lírica dos ditos mais famosos de Buda. Se você insiste em recorrer ao original integral, as traduções citadas em "Sobre as fontes" são as minhas preferidas.

A maior parte dos leitores deve achar os textos de professores budistas contemporâneos muito mais acessíveis. Gosto de *Buddhism without Beliefs* (Nova York: Riverhead, 1997), de Stephen Batchelor,* e *Why Buddhism Is True* (Nova York: Simon & Schuster, 2017), de Robert Wright.

* Sim, ele é marido da Martine. Os Batchelor talvez sejam o primeiro casal budista famoso no Ocidente.

Ambos tentam eliminar os aspectos mais "místicos" dos ensinamentos de Buda e focar na prática. Para uma introdução mais "budista" ao budismo, *Buddhism for Beginners* (Boston: Snow Lion, 2001), de Thubten Chodron, é excelente, assim como *Tell Me Something About Buddhism* (Charlottesville: Hampton Roads, 2011), de Zenju Earthlyn Manuel, uma verdadeira joia.

Para aprender mais sobre o básico da prática da meditação, *Zen Mind, Beginner's Mind* (Boston: Shambhala, 2004), de Shunryu Suzuki, é a introdução clássica ao estilo zen (que eu pratico), enquanto *How to Meditate* (Somerville, MA: Wisdom, 2005), de Kathleen McDonald, aborda a tradição tibetana. Se deseja saber mais sobre Buda, *The Buddha: A Beginner's Guide* (Oxford: Oneworld, 2001), de John S. Strong, é surpreendentemente bom, assim como *Buddha* (Nova York: Penguin, 2004), de Karen Armstrong, que é bastante popular.

No que se refere a trabalho, *Career Manifesto* (Nova York: TarcherPerigee, 2018), de Mike Steib, vai te ensinar a estabelecer metas saudáveis para sua carreira. O maravilhoso *The Distraction Addiction* (Nova York: Little, Brown: 2013), de Alex Soojun-Kim Pang, discute a questão crucial da distração e da tecnologia em muito mais detalhes do que fiz aqui, vale a leitura. *Radical Candor* (Nova York: St. Martin's Press, 2017), de Kim Scott, vai abrir seus olhos e ensinar você, como ela mesma diz, "a ser um grande chefe sem perder a humanidade" e é uma leitura essencial para qualquer um que aspire a ser um gestor honesto.

Joseph Emet tem um livro inteiro sobre técnicas para um sono melhor: *Buddha's Book of Sleep: Sleep Better in Seven Weeks with Mindfulness Meditation* (Nova York: TarcherPerigee, 2012). Se você pratica ioga – uma escolha excelente! –, *One Simple Thing* (Nova York: North Point, 2019), de Eddie Stern, pode ser uma companhia inestimável.

Meu primeiro livro, *Dieta de Buda*, escrito com minha querida amiga Tara Cottrell, tem muito mais a dizer sobre dieta e exercício (e sobre budismo). Assuntos incrivelmente importantes que só mencionei aqui são mais bem desenvolvidos lá. Colocar essa parte da sua vida em ordem vale a pena. Se gostou deste livro, provavelmente vai gostar de *Dieta de Buda*. E se não gostou deste livro não deveria recorrer a mim para conselhos de leitura.

Agradecimentos

ESTE LIVRO NÃO TERIA SIDO POSSÍVEL SEM MINHA FAMÍLIA, QUE SUPORtou todo o tempo que passei escrevendo no ano passado, quando talvez eu devesse ter focado mais nela. Obrigado, Dina, Anna e Maxine. Minha agente, Laura Dail, e minha editora, Jennifer Kasius, acreditaram neste livro muito antes de mim e forneceram o encorajamento e a paciência necessários enquanto eu o escrevia. Embora eu não tenha conseguido convencê-la a escrever este volume comigo, minha parceira de trabalho e amiga Tara Cottrell continua sendo uma inspiração e a me apoiar e me mandou muitas boas ideias no meu processo de escrita. Minha amiga Irina Reyn ofereceu uma perspectiva crítica quando eu estava com dificuldades em progredir e me ajudou a ver o que este livro deveria se tornar. Trabalhei em muitas empresas ao longo dos anos e aprendi com todas elas. Os diferentes empregos me deram espaço para pensar mais profundamente sobre a conexão entre minha prática budista e minha vida no trabalho, o que constitui a base de muito do que escrevi aqui.

Comecei a trabalhar neste livro de verdade durante uma breve estada no Tassajara Zen Mountain Center. Sou grato a todos que me receberam muito bem ali e que ajudam a manter essa presença budista única no Ocidente.

Sobre as fontes

A PALI TEXT SOCIETY, VENERÁVEL INSTITUIÇÃO BRITÂNICA FUNDADA por intrépidos estudiosos em 1881 que permanece forte até hoje, estabeleceu um sistema abrangente para citar as escrituras budistas antigas de modo que a mesma passagem possa ser encontrada em qualquer tradução, mais ou menos do mesmo modo como podemos buscar "Lucas 6,31" em qualquer edição do Novo Testamento. Infelizmente, o sistema budista é muito complicado (uma referência típica teria esta cara: "SN 22.59; III 67, 25"), e não o usei aqui. Em vez disso, dei a referência da página da minha edição preferida de cada texto, que em geral faz parte da bela série *Teachings of the Buddha*, da Wisdom. Assim deve ficar muito mais simples para a maioria dos leitores, embora mais complicado se você quiser encontrar a passagem equivalente em outra tradução. Segui a mesma regra para outras escrituras, apenas citando a tradução específica de que mais gosto.

Notas finais

INTRODUÇÃO: O DESPERTAR NO TRABALHO

1. Associação de Turismo dos Estados Unidos, projeto Time Off, *The State of the American Vacation*, 2018.

2. Joel Goh, Jeffrey Pfeffer e Stefanos A. Zenios, "The Relationship between Workplace Stressors and Mortality and Health Costs in the United States", *Management Science*, v. 62, n. 2, 2016, p. 608-28, https://doi.org/10.1287/mnsc.2014.2115.

3. Caroline Foley Rhys Davids, "Notes on Early Economic Conditions in Northern India", *Journal of the Royal Asiatic Society of Great Britain and Ireland*, 1901, p. 859-88, http://www.jstor.org/stable/25208356.

CAPÍTULO 1: POR QUE TRABALHAR?

1. HORNER, I. B. *The Book of Discipline*, v. IV. Oxford: The Pali Text Society, 1951, pp. 5-6.

2. WIJYAYARANTA, Mohan. *Buddhist Monastic Life: According to the Sources of the Theravada Tradition*. Cambridge: Cambridge University Press, 1990, p. 164.

3. BODHI, Bhikkhu. *The Numerical Discourses of the Buddha*. Somerville, MA: Wisdom, 2012, p. 112.

4. GETHIN, Rupert. *Sayings of the Buddha*. Oxford: Oxford University Press, 2008, p. 10.

5. Mike Steib vai mais adiante no maravilhoso *Career Manifesto: Discover Your Calling and Create an Extraordinary Life*. Nova York: TarcherPedigree, 2018. No entanto, ele alterou para "aprender, ganhar, servir", que eu acho menos sonoro.

6. BODHI, Bikkhu. *The Suttanipata*. Somerville, MA: Wisdom, 2017, p. 223 e 863.

7. *Ibid.*, p. 291.

8. BODHI, Bhikkhu. *The Connected Discourses of the Buddha*. Somerville, MA: Wisdom, 2000, p. 1.597.

9. BODHI, *The Suttanipata*, p. 199.

CAPÍTULO 2: O CUSTO DO SOFRIMENTO

1. Ver, por exemplo, Thanissaro Bhikkhu, *The Wings to Awakening: An Anthology from the Pali Canon*. Valley Center, CA: Metta Forest Monastery, 2018.

2. Instituto Nacional da Saúde e da Segurança Ocupacional, "STRESS... at Work", Centro de Controle e Prevenção de Doenças, https://www.cdc.gov/niosh/docs/99-101.

3. Madhu Kalia, "Assessing the Economic Impact of Stress – The Modern Day Hidden Epidemic", *Metabolism*, v. 51, n. 6, supl. 1, jun. 2002, p. 49-53.

4. Joanne H. Gavin e Richard O. Mason, "The Virtuous Organization: The Value of Happiness in the Workplace", *Organizational Dynamics*, v. 33, n. 4, 2014, p. 379-92.

5. D. M. Rose, A. Seidler, M. Nübling, U. Latza, E. Brähler, E. M. Klein, J. Wiltink, M. Michal, S. Nickels, P. S. Wild, J. König, M. Claus, S. Letzel e M. E. Beutel, "Associations of Fatigue to Work-Related Stress, Mental and Physical Health in an Employed Community Sample", *BMC Psychiatry*, v. 17, n. 1, 5 maio 2017, p. 167, doi: 10.1186/s12888-017-1237-y.

6. Kristina Holmgren, Synneve Dahlin-Ivanoff, Cecilia Björkelund e Gunnel Hensing, "The Prevalence of Work-Related Stress, and Its Association with Self-Perceived Health and Sick-Leave, in a Population of Employed Swedish Women", *BMC Public Health*, v. 9, 2009, p. 73, doi: 10.1186/1471-2458-9-73.

7. Daniel C. Ganster e John Schaubroeck, "Work Stress and Employee Health", *Journal of Management*, v. 17, n. 2, 1º jun. 1991, p. 227-35, doi: 10.1177/014920639101700202.

8. Kalia, "Assessing the Economic Impact of Stress".

9. Helge Hoel, "The Cost of Violence/Stress at Work and the Benefits of a Violence/Stress-Free Working Environment", relatório encomendado pela Organização Internacional do Trabalho, 2001, http://www.ilo.org/safework/info/publications/WCMS_108532/lang—en/index.htm.

10. PFEFFER, Jeffrey. *Dying for a Paycheck*. Nova York: Harper Collins, 2018, p. 1.

11. Kalia, "Assessing the Economic Impact of Stress".

12. T. A. Wright e B. A. Straw, "Affect and Favorable Work Outcomes: Two Longitudinal Tests of the Happy-Productive Worker Thesis", *Journal of Organizational Behavior*, v. 20, 1999, p. 1-23.

13. Andrew J. Oswald, Eugenio Proto e Daniel Sgroi, "Happiness and Productivity", *Journal of Labor Economics*, v. 33, n. 4, 2015, p. 789-822.

14. Cynthia D. Fisher, "Happiness at Work", *International Journal of Management Reviews*, v. 12, 2010, p. 384-412, doi:10.1111/j.1468-2370.2009.00270.x.

15. John M. Zelenski, Steven A. Murphy e David A. Jenkins, "The Happy-Productive Worker Thesis Revisited", *Journal of Happiness Studies*, v. 9, n. 4, dez. 2008, p. 521-37, doi:10.1007/s10902-008-9087-4.

16. Lisa C. Walsh, "Does Happiness Promote Career Success? Revisiting the Evidence", *Journal of Career Assessment*, v. 26, n. 2, 2018, p. 199-219.

CAPÍTULO 3: O BUDISMO FOI UMA *STARTUP*

1. BECHERT, Heinz. *When Did the Buddha Live?: Controversy on the Dating of the Historical Buddha*. Nova Delhi: Sri Satguru, 1995.

2. TITMUSS, Christopher. *The Political Buddha*. Morrisville, NC: Lulu.com, 2018.

3. BODHI, Bhikkhu. *The Numerical Discourses of the Buddha*. Somerville, MA: Wisdom, 2012, p. 240 e 1.642.

4. CONZE, Edward. *Buddhist Scriptures*. Londres: Penguin, 1959, p. 39.

5. NANAMOLI, Bhikkhu; BODHI, Bhikkhu. *The Middle Length Discourses of the Buddha*. Somerville, MA: Wisdom, 1995, p. 260.

6. *Ibid.*, p. 534.

7. WALSHE, Moshe. *The Long Discourses of the Buddha*. Somerville, MA: Wisdom, 1987, p. 408.

8. BODHI, Bhikkhu. *The Suttanipata*. Somerville, MA: Wisdom, 2017, p. 178.

9. Embora Buda tenha criado muitas regras (visto que era alguém prático), em seu último sermão sugeriu que futuros estudantes abolissem as "menores", deixando que decidissem quais eram elas.

10. BODHI, Bhikkhu. *The Connected Discourses of the Buddha*. Somerville, MA: Wisdom, 2000, p. 1.644.

CAPÍTULO 4: A GRANDE IDEIA DE BUDA

1. SCHUMAN, H. W. *The Historical Buddha: The Times, Life and Teachings of the Founder of Buddhism*. Trad. de M. O'C Walshe. Delhi: Motilal Banarsidass, 1989, p. 22.

2. MEGHAPRASARA, Mathew. *New Guide to the Tipitaka: A Complete Reference to the Buddhist Canon*. Regina, Saskatchewan: A Sangha of Books, 2013, p. 5-6.

3. SCHUMAN. *The Historical Buddha*, p. 4.

4. SOLOMON, Richard. *The Buddhist Literature of Ancient Gandhāra*. Somerville, MA: Wisdom, 2018, p. 1-3.

5. Ver, por exemplo, Cheri Huber, *Suffering is Optional*. Murphys, CA: Keep It Simple, 2000.

CAPÍTULO 5: PRESTANDO ATENÇÃO

1. Jon Kabat-Zinn, "An Outpatient Program in Behavioral Medicine for Chronic Pain Patients Based on the Practice of Mindfulness Meditation: Theoretical Considerations and Preliminary Results", *General Hospital Psychiatry*, v. 4, n. 1, abr. 1982, p. 33-47.

2. Bhikkhu Nanamoli e Bhikkhu Bodhi, *The Middle Length Discourses of the Buddha.* Somerville, MA: Wisdom, 1995, p. 145.

3. THERA, Nyanaponika *The Power of Mindfulness*. São Francisco: Unity, 1972, p. 5.

4. Kirk Warren Brown e Richard M. Ryan, "The Benefits of Being Present: Mindfulness and Its Role in Psychological Well-Being", *Journal of Personality and Social Psychology*, v. 84, n. 4, 2003, p. 822-48.

5. Darren Good, Christopher J. Lyddy, Theresa M. Glomb, Joyce E. Bono, Kirk Warren Brown, Michelle K. Duffy, Ruth A. Baer, Judson A. Brewer e Sara W. Lazar, "Contemplating Mindfulness at Work: An Integrative Review", *Journal of Management*, jan. 2016, doi: 10.1177/0149206315617003.

6. Maryanna Klatt, Beth Steinberg e Anne-Marie Duchemin, "Mindfulness in Motion (MIM): An Onsite Mindfulness Based Intervention (MBI) for Chronically High Stress Work Environments to Increase Resiliency and Work Engagement", *Journal of Visualized Experiments*, v. 101, 2015, e52359, doi:10.3791/52359.

7. Amishi P. Jha Elizabeth A. Stanley, Anastasia Kiyonaga, Ling Wong e Lois Gelfand, "Examining the Protective Effects of Mindfulness Training on Working Memory Capacity and Affective Experience", *Emotion*, v. 10, n. 1, 2010, p. 54-64.

8. Patrick K. Hyland, R. Andrew Lee e Maura J. Mills, "Mindfulness at Work: A New Approach to Improving Individual and Organizational Performance", *Industrial and Organizational Psychology*, v. 8, n. 4, dez. 2014, p. 576-602, doi: 10.1017/iop.2015.41.

9. Ruth Q. Wolever, Kyra J. Bobinet, Kelley McCabe, Elizabeth R. Mackenzie, Erin Fekete, Catherine A. Kusnick e Michael Baime, "Effective and Viable Mind-Body Stress Reduction in the Workplace: A Randomized Controlled Trial", *Journal of Occupational Health Psychology*, v. 17, n. 2, 2012, p. 246-58, doi: 10.1037/a0027278.

10. Kimberly Schaufenbuel, "Why Google, Target, and General Mills Are Investing in Mindfulness", *Harvard Business Review*, 28 dez. 2015.

CAPÍTULO 6: MEDITE COMO BUDA

1. NANAMOLI, Bhikkhu; BODHI, Bhikkhu. *The Middle Length Discourses of the Buddha*. Somerville, MA: Wisdom, 1995, p. 260.

2. Ver, por exemplo, Bhikkhu Analyao, *Satipatthana: The Direct Path to Realization*. Cambridge: Windhorse, 2003.

3. NANAMOLI; BODHI. *The Middle Length Discourses of the Buddha*, p. 145.

4. *Ibid.*, p. 146.

5. *Ibid.*, p. 155.

6. *Ibid.*, p. 147.

7. FRONDSAL, Gil. *The Dhammapada*. Boulder, CO: Shamabhala, 2005, p. 1.

8. MAYER, Peter W.; DEOREO, William B. "Residential Uses of Water", *American Water Works Association*, 1999.

9. Sua Santidade o 14º Dalai-Lama do Tibete, "Routine Day", DalaiLama.com, http://www.dalailama.com/the-dalai-lama/biography-and-daily-life/a-routine-day.

CAPÍTULO 7: O PROBLEMA COM OS ESPECIALISTAS

1. BIELFELD, Carl. *Dogen's Manual of Zen Meditation*. Berkeley: University of California Press, 1988, p. 195.

2. Eleanor Rosch, "Beginner's Mind: Paths to the Wisdom Not Learned". In: *Teaching for Wisdom*. Org. de Michal Merrari e Georges Potworowski. Nova York: Springer Science+Business Media, 2008.

3. SUZUKI, Shunryu. *Zen Mind, Beginner's Mind*. Nova York: Weatherhill, 1970, p. 21.

4. *Ibid.*, p. 21.

5. Joe Langford e Pauline Rose Clance, "The Impostor Phenomenon: Recent Research Findings Regarding Dynamics, Personality and Family Patterns and Their Implications for Treatment", *Psychotherapy Theory Research & Practice*, v. 30, n. 3, dez. 1992, p. 495-501, doi: 10.1037/0033-3204.30.3.495.

6. Albert J. Stunkard, "Beginner's Mind: Trying to Learn Something About Obesity", *Annals of Behavioral Medicine*, v. 13, n. 2, 1º jan. 1991, p. 51-6, https://doi.org/10.1093/abm/13.2.51.

7. Arlo Belshee, "Promiscuous Pairing and Beginner's Mind: Embrace Inexperience". In: *Proceedings of AGILE 2005 Piscataway.* NJ: IEEE, 2005, doi: 10.1109/ADC.2005.37.

8. Sheryl I. Fontaine, "Teaching with the Beginner's Mind: Notes from My Karate Journal", *College Composition and Communication*, v. 54, n. 2, dez. 2002, p. 208-21, doi: 10.2307/1512146.

9. Mark Stefik e Barbara Stefik, "The Prepared Mind versus the Beginner's Mind", *Design Management Review*, v. 16, n. 1, inverno de 2005, p. 10-6.

10. Kate Crosby e Andrew Skilton, *The Bodhicaryavatra*. Oxford: Oxford University Press, 1995, p. 40.

CAPÍTULO 8: TRABALHAR SEM TRABALHAR

1. Robert A. Henning, Pierre Jacques, George V. Kissel, Anne B. Sullivan e Sabina M. Alteras-Webb, "Frequent Short Rest Breaks from Computer Work: Effects on Productivity and Well-Being at Two Field Sites", *Ergonomics*, v. 40, n. 1, 1997, p. 78-91.

2. Simone M. Ritter e Ap Dijksterhuis, "Creativity – The Unconscious Foundations of the Incubation Period", *Frontiers in Human Neuroscience*, v. 8, 2014, p. 215, doi: 10.3389/fnhum.2014.00215.

3. Charlotte Fritz, Allison M. Ellis, Caitlin A. Demsky, Bing C. Lin e Frankie Guros, "Embracing work breaks: Recovering from Work Stress", *Organizational Dynamics*, v. 42, 2013, p. 274-80.

4. Sooyeol Kim, Youngah Park e Lucille Headrick, "Employees' Micro-Break Activities and Job Performance: An Examination of Telemarketing Employees",

Academy of Management Annual Meeting Proceedings, v. 1, 2015, p. 13.943, doi: 10.5465/AMBPP.2015.169.

5. Pavle Mijovic, Vanja Ković, Ivan Mačužić, Petar Todorović, Branislav Jeremić, Miloš Milovanović e Ivan Gligorijević, "Do Micro-Breaks Increase the Attention Level of an Assembly Worker? An ERP Study", *Procedia Manufacturing*, v. 3, 2015, p. 5.074-80.

6. Brent L. S. Coker, "Freedom to Surf: The Positive Effects of Workplace Internet Leisure Browsing", *New Technology, Work and Employment*, v. 26, n. 3, 2011, p. 238-47, doi: 10.1111/j.1468-005X.2011.00272.x.

7. Fritz *et al.*, "Embracing Work Breaks".

8. Hongjai Rhee e Sudong Kim, "Effects of Breaks on Regaining Vitality at Work: An Empirical Comparison of 'Conventional' and 'Smart Phone' Breaks", *Computers in Human Behavior*, v. 57, 2016, p. 160-7, doi: 10.1016/j.chb.2015.11.056.

9. Marianna Virtanen, Archana Singh-Manoux, Jane E. Ferrie, David Gimeno, Michael G. Marmot, Marko Elovainio, Markus Jokela, Jussi Vahtera e Mika Kivimäki, "Long Working Hours and Cognitive Function: The Whitehall II Study", *American Journal of Epidemiology*, v. 169, n. 5, 1º mar. 2009, p. 596-605, https://doi.org/10.1093/aje/kwn382.

10. Erin Reid, "Embracing, Passing, Revealing, and the Ideal Worker Image: How People Navigate Expected and Experienced Professional Identities", *Organization Science*, v. 26, n. 4, 2015, p. 997-1.017, doi:10.1287/ORSC.2015.0975.

11. HANH, Thich Nhat. *Begin Peace*. Berkeley, CA: Parallax, 1987, p. 47.

12. Alex Soojung-Kim Pang, "How Resting More Can Boost Your Productivity", *Greater Good Magazine*, 11 maio 2017.

CAPÍTULO 9: BUDA NO ÔNIBUS

1. J. N. Morris, J. A. Heady, P. A. B. Raffle, C. G. Roberts e J. W. Parks, "Coronary Heart Disease and Physical Activity of Work", *Lancet*, v. 262, n. 6.795, 1953, p. 1.053-7, https://doi.org/10.1016/S0140-67365390665-5.

2. Laura E. Finch, A. Janet Tomiyama e Andrew Ward, "Taking a Stand: The Effects of Standing Desks on Task Performance and Engagement", *International Journal of Environmental Research and Public Health*, v. 14, n. 8, ago. 2017, p. 939, doi: 10.3390/ijerph14080939.

3. Frank W. Booth, Christian K. Roberts, John P. Thyfault, Gregory N. Ruegsegger e Ryan G. Toedebusch, "Role of Inactivity in Chronic Diseases: Evolutionary Insight and Pathophysiological Mechanisms", *Physiology Review*, v. 97, n. 4, 1º out. 2017, p. 1.351-402, doi: 10.1152/physrev.00019.2016.

4. I-Min Lee, Eric J Shiroma, Felipe Lobelo, Pekka Puska, Steven N. Blair e Pand Peter T .Katzmarzyk, "Impact of Physical Inactivity on the World's Major Non-Communicable Diseases", *Lancet*, v. 380, n. 9.838, 21 jul. 2012, p. 219-29, doi: 10.1016/S0140-67361261031-9.

5. Andreas Ströhle, "Physical activity, exercise, depression and anxiety disorders",

Journal of Neural Transmission (Viena), v. 116, n. 6, jun. 2009, p. 777-84, doi: 10.1007/s00702-008-0092-x.

6. Helen E. Brown, Nicholas D. Gilson, Nicola W. Burton e Wendy J. Brown, "Does Physical Activity Impact on Presenteeism and Other Indicators of Workplace Well-Being?", *Sports Medicine*, v. 41, 2011, p. 249, https://doi.org/10.2165/11539180-000000000-00000.

7. Candice L. Hogan, Jutta Mata e Laura L. Carstensen, "Exercise Holds Immediate Benefits for Affect and Cognition in Younger and Older Adults", *Psychology and Aging*, v. 28, n. 2, jun. 2013, p. 587-94, doi:10.1037/a0032634.

8. Marily Oppezzo e Daniel L. Schwartz, "Give Your Ideas Some Legs: The Positive Effect of Walking on Creative Thinking", *Journal of Experimental Psychology: Learning, Memory, and Cognition*, v. 40, n. 4, 2014, p. 1.142-52.

9. Nicolaas P. Pronk, Brian Martinson, Ronald Kessler, Arne Beck, Gregory Simon e Philip Wang, "The Association between Work Performance and Physical Activity, Cardiorespiratory Fitness, and Obesity", *Journal of Occupational and Environmental Medicine*, v. 46, n. 1, jan. 2004, p. 19-25.

10. J. C. Coulson, J. McKenna e M. Field, "Exercising at work and self-reported work performance", *International Journal of Workplace Health Management*, v. 1, n. 3, 2008, p. 176-97, https://doi.org/10.1108/17538350810926534.

11. Emmanuel Stamatakis, Ngaire Coombs, Alex Rowlands, Nicola Shelton e Melvyn Hillsdon, "Objectively-Assessed and Self-Reported Sedentary Time in

Relation to Multiple Socioeconomic Status Indicators among Adults in England: A Cross-Sectional Study", *BMJ Open*, v. 4, 2014, e006034, doi:10.1136/bmjopen-2014-006034.

12. Hidde P. van der Ploeg, Tien Chey, Rosemary J. Korda, Emily Banks e Adrian Bauman, "Sitting Time and All-Cause Mortality Risk in 222.497 Australian Adults", *Archives of Internal Medicine*, v. 172, n. 6, 2012, p. 494-500, doi:10.1001/archinternmed.2011.2174.

13. Avner Ben-Ner, Darla J. Hamann, Gabriel Koepp, Chimnay U. Manohar e James Levine, "Treadmill Workstations: The Effects of Walking While Working on Physical Activity and Work Performance", *PLOS ONE*, v. 9, n. 2, 2014, e88620, https://doi.org/10.1371/journal.pone.0088620.

14. Avner Ben-Ner, Darla J. Hamann, Gabriel Koepp e James Levine, "The Effects of Walking while Working on Productivity and Health: A Field Experiment", 2 maio 2012, https://ssrn.com/abstract=2547437 ou http://dx.doi.org/10.2139/ssrn.2547437.

15. Brittany T. MacEwen, Dany J. MacDonald e Jamie F. Burr, "A Systematic Review of Standing and Treadmill Desks in the Workplace", *Preventive Medicine*, v. 70, 2015, p. 50-8, doi: 10.1016/j.ypmed.2014.11.011.

16. Christi S. Ulmer, Barbara A. Stetson e Paul G. Salmon, "Mindfulness and Acceptance Are Associated with Exercise Maintenance in YMCA Exercisers", *Behavioral Research and Therapy*, v. 48, n. 8, ago. 2010, p. 805-9, doi: 10.1016/j.brat.2010.04.009.

17. Katy Tapper, Christine Shaw, Joanne Ilsley, Andrew J. Hill, Frank W. Bond e Laurence Moore, "Exploratory randomised controlled trial of a mindfulness-based weight loss intervention for women", *Appetite*, v. 52, n. 2, abr. 2009, p. 396-404, https://doi.org/10.1016/j.appet.2008.11.012.

18. Teresa D. Hawkes, Wayne Manselle e Marjorie H. Woollacott, "Cross-Sectional Comparison of Executive Attention Function in Normally Aging Long-Term *T'ai Chi*, Meditation, and Aerobic Fitness Practitioners Versus Sedentary Adults", *Journal of Alternative and Complementary Medicine*, v. 20, n. 3, 1º mar. 2014, p. 178-84, doi: 10.1089/acm.2013.0266.

19. Anu Kangasniemi, Raimo Lappalainen, AnnaKankaanpää e TuijaTammelin, "Mindfulness Skills, Psychological Flexibility, and Psychological Symptoms among Physically Less Active and Active Adults", *Mental Health and Physical Activity*, v. 7, n. 3, 2014, p. 121-7, https://doi.org/10.1016/j.mhpa.2014.06.005.

20. Fumio Shaku, Madoka Tsutsumi, Hideyoshi Goto e Denise Saint Arnoult, "Measuring the Effects of Zen Training on Quality of Life and Mental Health among Japanese Monk Trainees: A Cross-Sectional Study", *Journal of Alternative and Complementary Medicine*, v. 20, n. 5, maio 2014, p. 406-10, doi: 10.1089/acm.2013.0209.

21. Fabiana Braga Benatti e Mathias Ried-Larsen, "The Effects of Breaking up Prolonged Sitting Time: A Review of Experimental Studies", *Medicine & Science in Sports & Exercise*, v. 47, n. 10, out. 2015, p. 2.053-61, doi: 10.1249/MSS.0000000000000654.

22. Markus D. Jakobsen, Emil Sundstrup, Mikkel Brandt e Lars L. Andersen, "Psychosocial Benefits of Workplace Physical Exercise: Cluster Randomized Controlled Trial", *BMC Public Health*, v. 17, 2017, p. 798, doi: 10.1186/s12889-017-4728-3.

23. James H. O'Keefe, Carl J. Lavie e Marco Guazzi, "Part 1: Potential Dangers of Extreme Endurance Exercise: How Much Is Too Much? Part 2: Screening of School-Age Athletes", *Progress in Cardiovascular Diseases*, v. 57, n. 4, 2014, doi: 10.1016/j.pcad.2014.11.004.

24. Kate Crosby e Andrew Skilton, *The Bodhicaryavatra*. Oxford: Oxford University Press, 1995, p. 103.

25. O'Keefe *et al.*, "Part 1: Potential Dangers of Extreme Endurance Exercise: How Much Is Too Much? Part 2: Screening of School-Age Athletes".

26. Stéphane Brutus, Roshan Javadian e Alexandra Joelle Panaccio, "Cycling, Car, or Public Transit: A Study of Stress and Mood upon Arrival at Work", *International Journal of Workplace Health Management*, v. 10, n. 1, 2017, p. 13-24, https://doi.org/10.1108/IJWHM-10-2015-0059.

27. Crosby e Skilton, *The Bodhicaryavatra*, p. 26.

CAPÍTULO 10: DORMIR PARA DESPERTAR

1. WALSHE, Moshe. *The Long Discourses of the Buddha*. Somerville, MA: Wisdom, 1987, p. 463.

2. FRONDSAL, Gil. *The Dhammapada*. Boulder, CO: Shamabhala, 2005, p. 84.

3. HUFFINGTON, Arianna. *The Sleep Revolution*. Nova York: Harmony, 2017, p. 3.

4. Michael A. Grandner, "Sleep, Health, and Society", *Journal of Clinical Sleep Medicine*, v. 12, n. 1, mar. 2017, p. 1-22, doi: 10.1016/j.jsmc.2016.10.012. Epub: 20 dez. 2016.

5. E. R. Kucharczyk, K. Morgan e A. P. Hall, "The Occupational Impact of Sleep Quality and Insomnia Symptoms", *Sleep Medicine Review*, v. 16, n. 6, dez. 2012, p. 547-59, doi: 10.1016/j.smrv.2012.01.005.

6. R. C. Kessler, Patricia A. Berglund, Catherine Coulouvrat, Goeran Hajak, Thomas Roth, Victoria Shahly, Alicia C. Shillington, Judith J. Stephenson e James K. Walsh, "Insomnia and the Performance of US Workers: Results from the America Insomnia Survey", *Sleep*, v. 34, n. 9, 1º set. 2011, p. 1.161-71, doi: 10.5665/SLEEP.1230.

7. Mark B. Rosekind, Kevin B. Gregory, Melissa M. Mallis, Summer L. Brandt, Brian Seal e Debra Lerner, "The Cost of Poor Sleep: Workplace Productivity Loss and Associated Costs", *Journal of Occupational and Environmental Medicine*, v. 52, n. 1, jan. 2010, p. 91-8, doi: 10.1097/JOM.0b013e3181c78c30.

8. Matthew Gibson e Jeffrey Shrader, "Time Use and Productivity: The Wage Returns to Sleep", *Review of Economics and Statistics*, v. 100, n. 5, 2018, p. 783-98, https://doi.org/10.1162/rest_a_00746.

9. Irshaad O. Ebrahim, Colin M. Shapiro, Adrian J. Williams e Peter B. Fenwick, "Alcohol and Sleep I: Effects on Normal Sleep", *Alcoholism Clinical and Experimental Research*, v. 37, n. 4, abr. 2013, p. 539-49, doi: 10.1111/acer.12006.

10. Michael Gradisar, Amy R. Wolfson, Allison G. Harvey, Lauren Hale, Russell Rosenberg e Charles A. Czeisler, "The Sleep and Technology Use of Americans: Findings from the National Sleep Foundation's 2011 Sleep in America Poll", *Journal of Clinical Sleep Medicine*, v. 9, n. 12, 15 dez. 2013, p. 1.291-9, doi: 10.5664/jcsm.3272.

11. Anne-Marie Chang, Daniel Aeschbach, Jeanne F. Duffy e Charles A. Czeislera, "Evening Use of Light-Emitting eReaders Negatively Affects Sleep, Circadian Timing, and Next-Morning Alertness", *Proceedings of the National Academy of Sciences USA*, v. 112, n. 4, jan. 2015, p. 1.232-7, doi: 10.1073/pnas.1418490112.

12. YongMin Cho, Seung-Hun Ryu, Byeo Ri Lee, Kyung Hee Kim, Eunil Lee e Jaewook Choi, "Effects of artificial light at night on human health: A literature review of observational and experimental studies applied to exposure assessment", *Chronobiology International*, v. 32, n. 9, 2015, p. 1.294-310, doi: 10.3109/07420528.2015.1073158.

13. Jitendra M. Mishra, "A Case for Naps in the Workplace", *Seidman Business Review*, v. 15, n. 1, art. 9, 2009.

14. Mark R. Rosekind, Roy M. Smith, Donna L. Miller, Elizabeth L. Co, Kevin B. Gregory, Lissa L. Webbon, Philippa H. Gander e J. Victor Lebacqz, "Alertness

Management: Strategic Naps in Operational Settings", *Journal of Sleep Research*, v. 4, supl. 2, dez. 1995, p. 62-6.

15. Bhikkhu Nanamoli e Bhikkhu Bodhi, *The Middle Length Discourses of the Buddha*. Somerville, MA: Wisdom, 1995, p. 342.

16. Bhikkhu Bodhi, *The Connected Discourses of the Buddha*. Somerville, MA: Wisdom, 2000, p. 313.

17. BODHI, Bhikkhu. *The Numerical Discourses of the Buddha.* Somerville, MA: Wisdom, 2012, p. 1.573.

18. David S. Black, Gillian A O'Reilly, Richard E. Olmstead, Elizabeth C. Breen e Michael R. Irwin, "Mindfulness Meditation and Improvement in Sleep Quality and Daytime Impairment among Older Adults with Sleep Disturbances", *JAMA Internal Medicine*, v. 175, n. 4, 1º abr. 2015, p. 494-501, doi: 10.1001/jamainternmed.2014.8081.

19. Sheila N. Garland, Eric S. Zhou, Brian D. Gonzalez e Nicole Rodriguez, "The Quest for Mindful Sleep: A Critical Synthesis of the Impact of Mindfulness-Based Interventions for Insomnia", *Current Sleep Medicine Reports*, v. 1, n. 3, set. 2016, p. 142-51, doi: 10.1007/s40675-016-0050-3.

CAPÍTULO 11: DIZENDO A VERDADE

1. BHIKKHU, Thanissaro. *The Buddhist Monastic Code I.* Valley Center, CA: Metta Forest Monastery, 2013, p. 291.

2. WALSHE, Moshe. *The Long Discourses of the Buddha*. Somerville, MA: Wisdom, 1987, p. 462.

3. Bella M. DePaulo, Deborah A. Kashy, Susan E. Kirkendol, Melissa M. Wyer e Jennifer A. Epstein, "Lying in Everyday Life", *Journal of Personality and Social Psychology*, v. 70, 1996, p. 979, http://dx.doi.org/10.1037/0022-3514.70.5.979.

4. Keith Leavitt e David M. Sluss, "Lying for Who We Are: An Identity-Based Model of Workplace Dishonesty", *Academy of Management Review*, v. 40, n. 4, 2005, https://doi.org/10.5465/amr.2013.0167.

5. SCOTT, Kim. *Radical Candor*. Nova York: St. Martin's Press, 2017, p. 10.

6. BODHI, Bhikkhu. *The Buddha's Teachings on Social and Communal Harmony*. Somerville, MA: Wisdom, 2016, p. 75.

7. *Ibid.*, p. 81.

8. *Ibid.*, p. 75.

9. *Ibid.*, p. 60.

10. Scott, *Radical Candor*, p. 32.

11. CROSBY, Kate; SKILTON, Andrew. *The Bodhicaryavatra*. Oxford: Oxford University Press, 1995, p. 41.

12. Bhikkhu. *Buddhist Monastic Code I*, p. 293.

13. NANAMOLI, Bhikkhu; BODHI, Bhikkhu. *The Middle Length Discourses of the Buddha*. Somerville, MA: Wisdom, 1995, p. 524.

14. FRONDSAL, Gil. *The Dhammapada*. Boulder, CO: Shamabhala, 2005, p. 27.

CAPÍTULO 12: BUDA NOS CONFLITOS

1. BODHI, Bhikkhu. *The Numerical Discourses of the Buddha*. Somerville, MA: Wisdom, 2012, p. 743.

2. Elfi Baillien, Jeroen Camps, Anja Vanden Broeck, Jeroen Stouten, LodeGodderis, Maarten Sercu e Hans DeWitte, "An Eye for an Eye Will Make the Whole World Blind: Conflict Escalation into Workplace Bullying and the Role of Distributive Conflict Behavior", *Journal of Business Ethics*, v. 137, n. 2, ago. 2016, p. 415-29, https://doi.org/10.1007/s10551-015-2563-y.

3. BODHI, Bhikkhu. *The Buddha's Teachings on Social and Communal Harmony*. Somerville, MA: Wisdom, 2016, p. 76.

4. *Ibid.*, p. 131.

CAPÍTULO 14: ONDE YODA ERROU

1. BODHI, Bhikkhu. *The Connected Discourses of the Buddha*. Somerville, MA: Wisdom, 2000, p. 1.597.

2. BODHI, Bhikkhu. *The Noble Eightfold Path*. Onalaska, WA: Pariyatti, 2000, p. 63.

3. WALSHE, Moshe. *The Long Discourses of the Buddha*. Somerville, MA: Wisdom, 1987, p. 462.

4. Tait D. Shanafelt, Colin P. West, Jeff A. Sloan, Paul J. Novotny, Greg A. Poland, Ron Menaker, Teresa A. Rummans e Lotte N. Dyrbye, "Career Fit and Burnout among Academic Faculty", *Archives of Internal Medicine*, v. 169, n. 10, 2009, p. 990-5, doi:10.1001/archinternmed.2009.70.

5. Rita Gunther McGrath, "Failing by Design", *Harvard Business Review*, v. 89, n. 4, abr. 2011, p. 76-83 e 137.

6. Daw Mya Tin, *The Dhammapada*: Verses & Stories. Delhi: Sri Satguru, 1990, p. 380.

7. Gil Fronsdal, The Dhammapada. Boulder, CO: Shambhala, 2005, p. 72. Traduzi *tatāgatha* como "professores", enquanto o termo Fronsdal permanece no original.

8. Matthew Bortolin, *The Dharma of Star Wars*. Somerville, MA: Wisdom, 2015, p. xii.

CAPÍTULO 15: LEMBRANDO-SE DE RESPIRAR

1. Mark Twain, "The Late Benjamin Franklin", *The Galaxy*, jul. 1870, p. 138-40.

2. Kathleen Nolan, "Buddhism, Zen, and Bioethics", *Bioethics Yearbook*, v. 3, 1993, https://doi.org/10.1007/978-94-011-1886-6_9.

3. HANH, Thich Nhat. *Breathe: You Are Alive!* Berkeley, CA: Parallax, 2008, p. 3.

4. STERN, Eddie. *One Simple Thing*. Nova York: North Point, 2019, p. 171.

5. *Ibid.*, p. 145.

6. *Breathe: You Are Alive!*, de Thich Nhat Hanh, é especialmente bom.

CAPÍTULO 16: APEGO E DESAPEGO

1. HINUBER, Oskar von. *A Handbook of Pali Literature*. Nova Delhi: Munshiram Manoharlal, 1997, p. 24.

2. IRELAND, John D. *Itivuttaka: The Buddha's Sayings*. Kandy, Sri Lanka: Buddhist Publication Society, 1997, p. 11.

3. Thomas Hugh Feeley, Jennie Hwang e George A. Barnett, "Predicting Employee Turnover from Friendship Networks", *Journal of Applied Communication Research*, v. 36, n. 1, 2008, p. 56-73, https://doi.org/10.1080/00909880701799790.

4. Charlotte Fritz, Chak Fu Lam e Gretchen M. Spreitzer, "It's the Little Things That Matter: An Examination of Knowledge Workers' Energy Management", *Academy of Management Perspectives*, v. 25, n. 3, 2017, p. 28-39, http://dx.doi.org/10.5465/AMP.2011.63886528.

5. Rachel Morrison, "Gender Differences in the Relationship Between Workplace

Friendships and Organisational Outcomes", *Enterprise and Innovation*, 2007, p. 33.

6. Julianna Pillemer e Nancy P. Rothbard, "Friends without Benefits: Understanding the Dark Sides of Workplace Friendship", *Academy of Management Review*, v. 43, n. 4, 2018, https://doi.org/10.5465/amr.2016.0309.

7. Patricia M. Sias e Daniel J. Cahill, "From Coworkers to Friends: The Development of Peer Friendships in the Workplace", *Western Journal of Communication*, v. 62, n. 3, 1998, p. 273-99, https://doi.org/10.1080/10570319809374611.

8. Fritz *et al.*, "It's the Little Things That Matter".

9. Charles A. Pierce e Herman Aguinis, "Bridging the Gap between Romantic Relationships and Sexual Harassment in Organizations", *Journal of Organizational Behavior*, v. 18, 1997, p. 197-200.

10. Vanessa K. Bohns e Lauren A. DeVincent, "Rejecting Unwanted Romantic Advances Is More Difficult Than Suitors Realize", *Social Psychological and Personality Science*, 2018, p. 1-9.

11. *Ibid.*

12. BODHI, Bhikkhu. *The Connected Discourses of the Buddha*. Somerville, MA: Wisdom, 2000, p. 1.524.

CAPÍTULO 17: MELHOR NO EQUILÍBRIO QUE BUDA

1. Mohan Wijyayaranta, *Buddhist Monastic Life: According to the Sources of the Theravada Tradition*. Cambridge: Cambridge University Press, 1990, p. 173.

2. BODHI, Bhikkhu. *The Suttanipata*. Somerville, MA: Wisdom, 2017, p. 223.

3. Erin Reid, "Embracing, Passing, Revealing, and the Ideal Worker Image: How People Navigate Expected and Experienced Professional Identities", *Organization Science*, v. 26, n. 4, 2015, pp. 997-1017, doi:10.1287/ORSC.2015.0975.

4. Charlotte Fritz, Chak Fu Lam e Gretchen M. Spreitzer, "It's the Little Things That Matter: An Examination of Knowledge Workers' Energy Management", *Academy of Management Perspectives*, v. 25, n. 3, 2017, p. 28-39, http://dx.doi.org/10.5465/AMP.2011.63886528.

5. Evangelia Demerouti, Arnold B. Bakker, Sabine Sonnentag e Clive J. Fullagar, "Work-Related Flow and Energy at Work and at Home: A Study on the Role of Daily Recovery", *Journal of Organizational Behavior*, v. 33, 2012, p. 276-95, doi: 10.1002/job.760.

6. Ellen Ernst Kossek e Brenda A. Lautsch, "Work-Life Flexibility for Whom? Occupational Status and Work-Life Inequality in Upper, Middle, and Lower Level Jobs", *Academy of Management Annals*, v. 12, n. 1, 2017, https://doi.org/10.5465/annals.2016.0059.

7. Bodhi, *The Suttanipata*, p. 742.

8. Hubert Nearman, O. B. C., tradutor, *The Monastic Office*. Mt. Shasta, CA: Shasta Abbey, 1993, p. 18.

CAPÍTULO 18: VOCÊ NÃO É SEU TRABALHO

1. BODHI, Bhikkhu. *The Connected Discourses of the Buddha*. Somerville, MA: Wisdom, 2000, p. 901-3.

2. Rev. angel Kyodo Williams, "Radical Challenge". In: Rev. angel Kyodo Williams e Lama Rod Owens com Jasmine Syedullah, *Radical Dharma*. Berkeley, CA: North Atlantic, 2016, p. xxiii.

3. Zenju Earthlyn Manuel, *The Way of Tenderness: Awakening through Race, Sexuality, and Gender*. Somerville, MA: Wisdom, 2015, p. 8.

CAPÍTULO 19: LIDANDO COM DISTRAÇÕES

1. PANG, Alex Soojung-Kim. *The Distraction Addiction*. Nova York: Little, Brown, 2013, p. 15.

2. Preetinder S. Gill, Ashwini Kamath e Tejkaran S. Gill, "Distraction: An Assessment of Smartphone Usage in Health Care Work Settings", *Risk Management and Healthcare Policy*, v. 5, 2012, p. 105-14, doi:10.2147/RMHP.S34813.

3. *Ibid.*

4. Jill T. Shelton, "The Distracting Effects of a Ringing Cell Phone: An Investigation of the Laboratory and the Classroom Setting", *Journal of Environmental* Psychology, v. 29, n. 4, dez. 2009, p. 513-21, doi:10.1016/j.jenvp.2009.03.001.

5. ANALAYO, Bhikku. *Early Buddhist Meditation Studies*. Barre, MA: Barre Center for Buddhist Studies, 2017, p. 109.

6. Mihaly Csikszentmihalyi, Sami Abuhamdeh e Jeanne Nakamura, "Flow". In: Mihaly Csikszentmihalyi, *Flow and the Foundations of Positive Psychology*. Dordrecht, Alemanha: Springer, 2014, p. 230.

7. Shelton, "The Distracting Effects of a Ringing Cell Phone".

8. Wesley C. Clapp, Michael T. Rubens, Jasdeep Sabharwal e Adam Gazzaley, "Deficit in Switching between Functional Brain Networks Underlies the Impact of Multitasking on Working Memory in Older Adults", *Proceeding of the National Academy of Science*, v. 108, n. 17, 26 abr. 2011, p. 7.212-17, doi: 10.1073/pnas.1015297108.

9. Faria Sana, Tina Weston e Nicholas J.Cepeda, "Laptop Multitasking Hinders Classroom Learning for Both Users and Nearby Peers", *Computers & Education*, v. 62, mar. 2013, p. 24-31, https://doi.org/10.1016/j.compedu.2012.10.003.

10. Kate Crosby e Andrew Skilton, *The Bodhicaryavatra*. Oxford: Oxford University Press, 1995, p. 36.

11. PANG, Alex Soojung-Kim. *The Distraction Addiction*. Nova York: Little, Brown, 2013, p. 61.

12. *Ibid*., p. 62.

13. SUZUKI, Shunryu. *Branching Streams Flow in the Darkness*. Berkeley: University of California Press, 1999, p. 3.

CAPÍTULO 20: PENSANDO NO ALMOÇO

1. NANAMOLI, Bhikkhu; BODHI, Bhikkhu. *The Middle Length Discourses of the Buddha*. Somerville, MA: Wisdom, 1995, p. 134.

2. Malia Wollan, "Failure to Lunch: The Lamentable Rise of Desktop Dining", *New York Times Magazine*, 27 fev. 2016, p. 50.

3. Stephanie A. Boone e Charles P. Gerba, "The Prevalence of Human Parainfluenza Virus 1 on Indoor Office Fomites", *Food and Environmental Virology*, v. 2, 2010, p. 41, https://doi.org/10.1007/s12560-010-9026-5.

4. Stephanie A. Boone e Charles P. Gerba, "Significance of Fomites in the Spread of Respiratory and Enteric Viral Disease", *Applied and Environmental Microbiology*, v. 73, n. 6, mar. 2007, p. 1687-96, doi:10.1128/AEM.02051-06.

5. Thanaissaro Bhikkhu, *The Buddhist Monastic Code*. Valley Center, CA: Metta Forest Monastery, 2013, p. 497.

6. Evangelia Demerouti, Arnold B. Bakker, Sabine Sonnentag e Clive J. Fullagar, "Work-Related Flow and Energy at Work and at Home: A Study on the Role of Daily Recovery", *Journal of Organizational Behavior*, v. 33, 2012, p. 276-95, doi: 10.1002/job.760.

7. Jessica de Bloom, Ulla Kinnunen e Kalevi Korpela, "Exposure to Nature versus Relaxation during Lunch Breaks and Recovery from Work: Development and Design of an Intervention Study to Improve Workers' Health, Well-Being, Work Performance and Creativity", *BMC Public Health*, v. 14, 2014, p. 488, doi: 10.1186/1471-2458-14-488.

8. BODHI, Bhikkhu. *The Connected Discourses of the Buddha*. Somerville, MA: Wisdom, 2000, p. 176.

9. Bhikkhu Anālayo, "Overeating and *Mindfulness* in Ancient India", Mindfulness, v. 9, 2018, p. 1.648-54, https://doi.org/10.1007/s12671-018-1009-x.

10. Ver o capítulo "Atenção plena na comida", em Tara Cottrell e Dan Zigmond, *Dieta de Buda* (São Paulo: VR, 2020).

11. Michael T. French, Johanna Catherine Maclean, Jody L. Sindelar e Hai Fang, "The Morning After: Alcohol Misuse and Employment Problems", *Applied Economics*, v. 43, n. 21, 2011, p. 2.705-20, https://doi.org/10.1080/00036840903357421.

12. Silje L. Kaspersen, Kristine Pape, Gunnhild Å. Vie, Solveig O. Ose, Steinar

Krokstad, David Gunnell e Johan H. Bjørngaard, "Health and Unemployment: 14 Years of Follow-Up on Job Loss in the Norwegian HUNT Study", *European Journal of Public Health*, v. 26, n. 2, abr. 2016, p. 312-7, https://doi.org/10.1093/eurpub/ckv224.

13. GETHIN, Rupert. *Sayings of the Buddha: A Selection of Suttas from the Pali Nikāyas*. Oxford: Oxford University Press, 2008, p. 131.

CAPÍTULO 21: QUEM BUDA DEMITIRIA?

1. Agência de Estatísticas Trabalhistas, Departamento do Trabalho dos Estados Unidos, "Labor Force Statistics from the Current Population Survey", 19 jan. 2018, https://www.bls.gov/cps/cpsaat11.htm.

2. FRONSDAL, Gil. *The Dhammapada*. Boulder, CO: Shambhala, 2005, p. 1.

3. BHIKKHU, Thanissaro. *The Buddhist Monastic Code I*. Valley Center, CA: Metta Forest Monastery, 2013, p. 329.

4. BODHI, Bhikkhu. *The Numerical Discourses of the Buddha*. Somerville, MA: Wisdom, 2012, p. 816.

5. Damien P. Horigan, "Of Compassion and Capital Punishment: A Buddhist Perspective on the Death Penalty", *American Journal of Jurisprudence*, v. 41, 1996, http://ccbs.ntu.edu.tw/FULLTEXT/JR-PHIL/damin2.htm; Leanne Fiftal Alarid e Hsiao-Ming Wang, "Mercy and Punishment: Buddhism and the Death Penalty", *Social Justice*, v. 28, n. 1, 2001, p. 231-47, http://www.jstor.org/stable/29768067.

6. Fronsdal, *Dhammapada*, p. 13.

CAPÍTULO 22: INDO EMBORA

1. Steven D. Levitt, "Heads or Tails: The Impact of a Coin Toss and Major Life Decisions and Subsequent Happiness", Agência Nacional de Pesquisa Econômica, documento de trabalho 22587, ago. 2016, http://www.nber.org/papers/w22487.

2. *Ibid.*, p. 16.

3. Wendy R. Boswell, John W. Boudreau e Jan Tichy, "The Relationship between Employee Job Change and Job Satisfaction: The Honeymoon-Hangover Effect", *Journal of Applied Psychology*, v. 90, n. 5, set. 2005, p. 882-92.

4. WALSHE, Moshe. *The Long Discourses of the Buddha*. Somerville, MA: Wisdom, 1987, p. 482.

5. BODHI, Bhikkhu. *The Numerical Discourses of the Buddha*. Somerville, MA: Wisdom, 2012, p. 790.

6. WALSHE. *Long Discourses of the Buddha*, p. 69-70.

7. BODHI, Bhikkhu. *The Connected Discourses of the Buddha*. Somerville, MA: Wisdom, 2000, p. 1.333.

8. Agência de Estatísticas Trabalhistas, Departamento do Trabalho dos Estados Unidos, "Number of Jobs, Labor Market Experience, and Earnings Growth

among Americans at 50: Results from a Longitudinal Survey", 24 ago. 2017, https://www.bls.gov/news.release/pdf/nlsoy.pdf.

9. FRONSDAL, Gil. *The Dhammapada*. Boulder, CO: Shambhala, 2005, p. 14.

CAPÍTULO 23: DADOS E DARMA

1. NANAMOLI, Bhikkhu. *The Life of the Buddha*. Onalska, WA: BPS Pariyatti, 2001, p. 17-8.

2. *Ibid.*

3. BODHI, Bhikkhu. *The Numerical Discourses of the Buddha*. Somerville, MA: Wisdom, 2012, p. 285.

4. NANAMOLI, Bhikkhu; BODHI, Bhikkhu. *The Middle Length Discourses of the Buddha*. Somerville, MA: Wisdom, 1995, p. 780.

CAPÍTULO 24: VIVENDO NO MOMENTO

1. Thich Nhat Hanh, *Present Moment, Wonderful* Moment. Berkeley, CA: Parallax, 1990, p. vii.

2. *Ibid.*, p. viii.

CAPÍTULO 25: SERVINDO A TODOS OS SERES SENCIENTES

1. YANG, Larry. *Awakening Together*. Boston: Wisdom, 2017, p. 41-2.

2. Sua Santidade o 14º Dalai-Lama, *Kindness, Clarity, and Insight*. Boston: Snow Lion, 1984.

3. Dan Zigmond, "A Toast to Paying Attention!", *Lion's Roar*, jan. 2019.

4. BATCHELOR, Stephen. *A Guide to the Bodhisattva Way of Life*. Dharamsala: Library of Tibetan Works and Archives, 1999.

5. CROSBY, Kate; SKILTON, Andrew. *The Bodhicaryavatra*. Oxford: Oxford University Press, 1995, p. 43.

CAPÍTULO 26: VOCÊ ACABOU DE SE TORNAR BUDISTA?

1. WRIGHT, Robert. *Why Buddhism Is True*. Nova York: Simon & Schuster, 2017.

2. *Ibid.*, p. 261.

3. NANAMOLI, Bhikkhu; BODHI, Bhikkhu. *The Middle Length Discourses of the Buddha*. Somerville, MA: Wisdom, 1995, p. 484.

Índice

C

D

E

F

G

H

I

U

V

W

Y

Z

SUA OPINIÃO É MUITO IMPORTANTE

Mande um e-mail para **opiniao@vreditoras.com.br**
com o título deste livro no campo "Assunto".

1ª edição, mar. 2020

FONTE Adobe Garamond Pro Regular 10,5/16,1pt
Brandon Text Medium 7/8,4pt
Blog Script Regular 20/24pt
PAPEL Polen Bold 70 g/m²
IMPRESSÃO Gráfica Santa Marta
LOTE SM897